吕思勉自述

吕思勉 著

泰山出版社 · 济南 ·

图书在版编目（CIP）数据

吕思勉自述 / 吕思勉著. -- 济南：泰山出版社，2022.12

ISBN 978-7-5519-0729-3

Ⅰ. ①吕…　Ⅱ. ①吕…　Ⅲ. ①吕思勉（1884—1957）—自传　Ⅳ. ① K825.81

中国版本图书馆CIP数据核字（2022）第167700号

LüSIMIAN ZISHU

吕思勉自述

责任编辑　池　骋　王凌云
装帧设计　路渊源

出版发行　泰山出版社
社　　址　济南市泺源大街2号　邮编　250014
电　　话　综　合　部（0531）82023579　82022566
出版业务部（0531）82025510　82020455
网　　址　www.tscbs.com
电子信箱　tscbs@sohu.com
印　　刷　山东新华印务有限公司
成品尺寸　150 mm × 230 mm　16开
印　　张　13.75
字　　数　165千字
版　　次　2022年12月第1版
印　　次　2022年12月第1次印刷
标准书号　ISBN 978-7-5519-0729-3
定　　价　39.00元

凡　例

一、本书收录了作者的相关经典文章或片段，主要展现了作者的学术历程或情感操守等。

二、将所选文章改为简体横排，以适应当代的阅读习惯。所选文章尽量依照原作，以保持文章的时代原貌，有些地方参照当下最新的整理成果进行了适当修改。

三、所选文章没有标题或者标题重复的，编辑时另行拟加或改拟。个别文章为相近内容之汇辑，另拟新题。

四、对有些当时使用的文字，如“的”“地”“得”“化钱”“记帐”等，均一仍其旧。

目录

#《三反及思想改造学习总结》

予生于中法战争之时，至甲午中日战争，年十岁。家世读书仕宦，至予已数百年矣。予年六岁，从先师薛念辛先生读，至九岁。其间，薛先生因事他适，曾由史幼纯先生代馆月余。十岁，薛先生服官扬州，改从魏少泉先生读。十二岁夏，魏先生赴新疆。予父生平，不赞成人自教子弟。谓非因溺爱，失之宽纵，即因期望太切，失之过严；故予自入塾至此，皆延师于家。此时依予父之意，本欲再行延师，惟家庭经济状况，颇起变化。予家有田二十余亩，向不收租，惟俾佃户耕种，照料先茔耳。在城市中，有住宅两所，市房两所，除住宅一所自住外，余皆出租。亲丁七口，予之继祖母父母两姑一姊及予也，其后两姑皆出阁，则惟有五口。衣食粗足自给。而在予十岁时，再从伯父朗山君逝世江西。朗山君以官为家，卒后一无所有，而亲丁尚有九口。虽再从，而予家丁口少，已为最亲之一支。先君乃迎之同居。自此食指几增一倍，生活遂告拮据。故魏先生去后，未能延师，由予父自行教授。予母及姊，皆通文墨，亦相助为理。此时予已能作文字，予父尝命予以所作，就正于石小泉先生，后又使从族兄少木先生游，先后凡三年。惟皆未坐塾，但以文字就正耳。薛以庄老先生者，念辛先生之伯父，而予父之师也，予父尝从之学九年；清末，主芜湖中江书院。予父又使予以所作文字，邮寄请正。生平就学之经过如此。予自十岁以后，家境即不佳；少时尚无公私立学校，十五后稍有之，然时视外国文及技术，均不甚重；故生平未入学校。于外文，仅能和文汉读；于新科学，则仅数学、形学，尝问业于徐点撰、庄伯行两先生，略有所知而已。今亦强半遗忘矣。十五岁时，尝考入阳湖县学，名义上为旧式之县学生。然旧式学校，从无入学读书之事，实系科举之初阶而已。

至予之学术。则初能读书时，先父即授以《四库书目提要》。此为旧时讲究读书者常用之法，俾于问津之初，作一鸟瞰，略知全体学科之概况及其分类也。此书经史子三部，予皆读完，惟集部仅读其半耳。予年九岁时，先母即为讲《纲鉴正史约编》，日数叶。先母无暇时，先姊即代为讲解。故于史部之书，少时颇亲。至此，先父又授以《日知录》《廿二史札记》及《经世文编》，使之随意泛滥。虽仅泛滥而已，亦觉甚有兴味。至十六岁，始能认真读书。每读一书，皆自首讫尾。此时自读正续《通鉴》及《明纪》。先父授以汤蛰仙之《三通考辑要》。予以之与元本对读，觉所辑实不完具，乃舍之而读元本。此为予能自读书之始。甲午战时，予始知读报，其后则甚好《时务报》。故予此时之所向往者，实为旧日所谓经济之学。于政务各门，皆知概略，但皆不深细；至于技术，尤必借他人之辅助，仅能指挥策画而已。此在今日崇尚技术之时言之，实为不切实用，但旧时以此种人为通才，视为可贵耳。予如欲治新学术，以此时之途辙言之，本应走入政治经济一路。但予兼读新旧之书，渐觉居今日而言政治，必须尊崇从科学而产生之新技术，读旧书用处甚少。初从水利工程悟入，后推诸军事，尤见为然；又予论政治利弊，好从发展上推求其所以然；亦且性好考证，故遂逐渐走入史学一路。自二十三岁以后，即专意治史矣。予亦略知经小学。此由在十七岁时受教于丁桂征先生而然。先生为予母从姊之夫，于经小学极深沉。但前人虚心，无著述，略有读书札记，暮年客广东时，又毁于火耳。予从先生问业后，亦曾泛滥，略有所得。但至后来，仅成为予治古史之工具耳，不足专门名家，于思想亦无大关系。予于文学，天分颇佳。生平并无师承，皆读书而自之。文初宗桐城，后颇思突破之，专学先秦两汉，所作亦能偶至其境。诗少好宋诗，中年后亦好唐诗，但无功力，下笔仍是宋人境界耳。词所造甚浅，亦宗常州而薄浙派。要之，予可谓古典主义文学之正统派。予于文学，未常用功，然嗜好颇笃；于新文学最无嗜好。读新文学书，极少极少，因总觉其繁冗而乏味，故不终卷辄弃去也。予对一切学问之顽固而拒不接受，无如对新文学者。此于予亦为一种损失。然习惯已深，恐不易改矣。此本不必与通知旧文学有关，然予自行检点，此两者似有关系，以两物相形，厚于此，不得不薄于彼也。

予之经历。一九〇五、一九〇六两年，始执教于常州之私立溪山小学堂。此时予之家境，尚未大坏，但因设立此校之朱少堂君，于予颇加钦佩，托人来相延，故遂往执教耳。一九〇五年，予父婴末疾。卧床几一岁，卒不起。先是予父因食指繁多，收入不给，曾将两所市房，卖去一所。至是，医药丧葬，所费甚巨，多出借贷。乃将先父生平善衣，卖得千三百元，以了债务。家况益坏，乃真不得不藉劳力以自活。而溪山因创办人逝世停办。一九〇七年，在苏州东吴大学教国文历史。因气味不相投，至暑假辞去。是冬，在常州府中学堂教历史地理，至一九〇九年。一九一〇年，至南通国文专修科教授。此国文专修科，为张季直君所办，培养办理公文人才，属屠敬山先生主持其事。其时求能教作公文者甚难，予虽无经验，而读近代奏议较多，下笔尚觉相合，敬山先生故找予帮忙。在南通一年半。辛亥革命起，予往来苏常沪宁者半年，此时为予入政界与否之关键。如欲入政界，觅一官职之机会甚多。若不乐作官，亦可以学者之资格，加入政党为政客。予本不能作官；当时政党之作风，予亦甚不以为然；遂于政治卒无所与。一九一二年，教授上海私立甲种商业学校，至一九一四年暑假前。所教者，除应用文字外，商业经济、商业地理，因无人教，亦无教本，皆由予参考日文书教授。由今思之，甚为可笑。然在当时，固各校多数如此。因其时此等教师，几如凤毛麟角也。此校为上海商学公会所办。因会员心力不齐，至此停办。暑假后，予入中华书局任编辑。予本好弄笔，但在书局，所从事者，均系教科书教授书参考书之类，颇觉乏味。一九一八年秋间，中央在沈阳设立高等师范学校。予内姊之夫杨星岑君，介予前往教授国文历史，予其时亦欲远游，乃辞去中华书局之事。已而该校因草创，人事关系，纷纭不定，遂未行。一九一九年，入商务印书馆，助谢利恒君编辑中国医学辞典。予于医学，本无所知，而先外王父程柚谷先生，先舅氏均甫先生，先从舅少农先生，皆治汉学而兼知医，故予于中国医书之源流派别，略有所知。谢君本旧友，此时此书亟欲观成，乃将此一部分嘱予襄理，至暑假中事讫。暑假后，吴研因君介绍予至苏州省立第一师范学校教授国文。是冬，沈阳高等师范学校仍来相延。予仍乐远行。一九二〇年，遂至沈阳。至一九二二年，凡三年。一九二三年，时张作霖对中央独立，沈阳高等师范学校亦由其接收，改为东北大学。教职员中，有若干人视为不顺，辞职而去，予亦其一。时江苏省立师范学校，有数处办专修科，招中等师范之毕业生，肄业两年，后又延长半年，俾毕业后教授中学，第一师范亦其一。校长王饮鹤君相招。一九二三年，予乃复至该校，至一九二五年夏专修科毕业之时，凡两年半，所教者为国文历史。一九二五年暑假后，因朱经农君介绍，至沪江大学教授国文历史。沪江风气，远较从前之东吴为佳。但予在教会学校中，终觉气味不甚相投。而其时光华大学初创，气象甚佳，确有反对帝国主义之意味。国文系主任童伯章君，本系常州府中学同事，再三相招。一九二六年暑假后，予遂入光华。此时光华无历史系，予虽在国文系，所教实以历史课程为多。后历史系设立，校中遂延予为主任，予已不能确记其年岁矣。一九三二年，日人犯上海，光华延未开学者数月。其时光华欠薪甚多，予实难支持。适安徽大学开办，光华旧同事孔肖云任职其中，该校介之来相延，言明决不欠薪。予向光华辞职，光华相留，改为请假，由陈守实君代课。予赴安徽，凡三个月，其欠薪亦与光华无异。予尝有丈夫子四，女子子二，多夭折，存者一女而已，暑假后将读书上海。予乃去安徽，复返光华。一九三七年，抗日战争起，光华迁租界开学。予携一妻一女，亦遁迹租界，仍在光华教授。一九四一年冬，租界亦沦陷。光华停办。租界中居民受敌压迫，亦与内地无异。初常州之陷也，予所居之住宅，全被炸毁。是时城门由敌兵看守，出入者必向其行礼，予因不愿向敌兵行礼，故迄未归。室中残余之物，为人取携殆尽，惟书百三十六箱，虽经打破抛掷，经亲族代为裒拾，尚得五十七箱而已。此时居沪与居内地，同一麻烦，而敌兵之守城门者已撤。乃由予妻予女，先行回里，视察情形。觉能善自隐晦，尚可勉强居住。而另一所住宅，战前租赁与人者，尚未满期，房客不肯出屋。乃裒集残余瓦木，加以新买，在废址盖屋两间，勉强暂住。而予于八月一日返里。此时游击区中，尚有中国人自办之中学，颇愿延致知名之士。闻予还里，湖塘桥之青云中学，坂上之辅华中学，均来相邀。予曾在该两校教授一年。因予无法居住乡间，城乡来往，总觉不便，于一年后乃均辞去。惟辅华仍于半年中去过三次，与学生随意谈话而已。在城中则深居简出，信件多由亲戚代为收转。与开明书店约定，编撰晋南北朝史，藉以自活。一九四五年，日人降服，光华复校，予乃再来上海。

予之思想，凡经三大变。成童时，最信康梁之说。予生平不喜访知名之士，人有愿下交者，亦多谢绝之，以泛泛访问，无益于问学修为也。故于康梁两先生，皆不识面。然在思想上，受两先生之影响实最深，虽父师不逮也。此时所笃信而想望者，为大同之境及张三世之说。以为人莫不欲善，世界愈变必愈善；既愈变而愈善，则终必至于大同而后已。至于大同世界，究系如何情状？当由何途以赴之？尔时年少，不知考虑也。年十七，始识从母兄管达如君，管君为谢钟英先生之弟子。钟英先生者，利恒君之父，予识利恒君，亦在此时也。钟英先生亦治史学，以考证名，而实好谈旧日之经济。其言治道，信法家及纵横家之学。予自达如君获闻其说。惟予与达如，均不信纵横家，只服膺法家耳。法家之说，细别之，又可分法术两派，而予所服膺者，尤为术家。此时循中国旧说，以为凡事皆当藉政治之力改良之，然政治上之弊病，则皆由于在执者之自利。故非有督责之术，一切政事，皆不能行；强行之，非徒无益，且又有害。盖此时年事稍长，能就社会情状，加以观察，故其见解如此也。此时之见解，今加检讨，实有超阶级之思想；而异时信阶级及阶级斗争之说，亦未尝不于此伏其根原。何者？术家精义，在臣主异利四字。所谓臣者，非指一定之人，但指处一定地位之人耳。故先秦法家所谓朋党，与后世所谓朋党者，其义大异。后世所谓朋党者，皆因一时之利害，有意互相结合，先秦法家书中之朋党，则其人不必互相知，更不必有意相比，但所处之地位同，故其利害同，利害同，故其行动自然一致耳。此非今日所谓阶级之义乎？何以去此阶级？在今日，则重被压迫阶级之自行斗争，在昔时，则望有一大公无私者，立于最高地位而制裁之。此大公无私者，何以能大公无私乎？则曰天下自有此一种人耳。故曰有超阶级之思想也。予因此信仰，故在政治上，流为开明专制主义，后虽闻欧美政治家言，此思想亦未曾变。以为在君主专制之国，改善政治，所希望者为贤明之君相；在立宪之国，则所希望者为有贤明之中坚阶级耳。予之以中国旧说与西方旧民主主义革命之说互相结合，其略如此。大同之希望及张三世之说，此时并未放弃，不过不暇作深远之思考，但以改善政治，为走向大同之第一步耳。此予第二期之思想也。马列主义初入中国，予即略有接触，但未深究。年四十七，偶与在苏州时之旧同学马精武君会晤，马君劝予读马列主义之书，予乃读之稍多。于此主义，深为服膺。盖予夙抱大同之愿，然于其可致之道，及其致之之途，未有明确见解，至此乃如获指针也。予之将马列主义与予旧见解相结合融化，其重要之点如下：（一）旧说皆以为智巧日开，则诈欺愈甚。智巧不开，无以战胜自然，诈欺日甚，亦将无法防治，此为旧日言大同终可致者根本上最难解决之问题。得今社会学家之说，乃知诈欺之甚，实由于社会组织之变坏，非由于智识之进步；而智识之进步，且于社会之改善，大有裨益，将根本之难题解决。（二）超阶级之观点，希望有一个或一群贤明之人，其人不可必得；即得之，而以少数人统治多数人，两力相持，其所能改革者，亦终有一定之限度；此限度且甚小，只及于表面之一层；即其本意所求者，亦不过两阶级可以勉强相安，非真能彻底改革，求底于平；而即此区区，仍有人亡政息之惧。今知社会改进之关键，在于阶级斗争，则只要有此觉悟，善之力量随时具足；且其改革可以彻底，世界乃真能走向大同。（三）国家民族之危机，非全体动员，不能挽救，而阶级矛盾存在，即无从全体动员。（四）目前非爱国爱民族不可，而旧时之见解，爱国爱民族，易与大同之义相龃龉。得马列主义，乃可以并行而不悖。（五）求诸中国历史，则自王巨公以前，言政治者本重改革制度。尔时政治，所包甚广，改革政治，亦即改革社会也。自巨公失败后，言改革者，不敢作根本之图，乃皆欲从改良个人入手。玄学时代已然，承之以佛学而益甚。宋儒虽辟佛，于此见解，亦未改变。然历史事实证明此路实为绝路。故今日之社会主义，实使人类之行动，转变一新方向也。

对政局之见解。在戊戌变法时，赞成变法。政变之后，随康梁主张保皇。亦知其时无实力推翻满清政府，希望孝钦后死亡，德宗可以复行其志耳。庚子事变后，舆论对满清政府，渐行绝望，予之见解，亦随众而变。君宪革命之争起，予在手段上，随康梁主张君宪，在感情上则主张革命。当时之希望，为暂时保存满清政府，以行改革，免致争乱，而改革成功之后，则用政治之力，或加以仅少军事之力，一举将满清王室推翻。因中国虽藉旧政府之力以行改革，其权必不在满人。满洲王室，并无根柢，推翻之必不难也。此见解实同于梁任公先生。因梁先生虽主君宪，然有一次，亦曾言中国戴满洲人为君主，即无实权，于政治上无害，于汉人之民族主义，终为一缺憾也。民国以来，因予所希望者为开明专制，共和之虚名，予知其无用，故颇希望实际有一能担当国事之人。此见解，颇与严几道先生相同。后来《学衡》杂志所发表严先生与熊纯如之书，多与予尔时之意见相合也。予之见解，凡能拨乱反正者，必为文武兼资之人。文谓在政治上能开明，武谓能统御将帅。政治上不开明，根本不足以言治，然不能统御将帅，则必威权不振，虽有愿治之意，亦一事不能行。历代之开国君主，对此两条件，在一定限度内，皆能具有。民国在名义上虽易为共和，实际上仍未脱此局势，故此种人不能不希望其应运而生也。然袁世凯、段祺瑞、吴佩孚，对此条件，皆显然不足。故予于北洋军阀所组织之政府，殊为绝望。孙中山，予初嫌其武略之不足，国民党改组以后，气象一新，予对南方，颇存希望。但自迁宁以后，对国民政府亦渐次失望。其主要之原因：

（一）由其与江浙财阀合流后，日益贪污腐败。（二）逐渐与反动军阀合流，既无诚意，又无实力，以收拾坏法乱纪之军人。（三）政客亦为民国以来政局扰攘之一大因素，国民政府亦渐与之合流。国民党则日益腐败。（四）施用法西斯高压手段，予认为天下无如此可以治理之理。国民党与共产党之斗争，以及国民党内自己的斗争，当时并不十分明白其真相。但国民党专对共产党用兵，虽口称安内然后攘外，然其意实非如此，则当时亦知之，因国民政府一切所作所为，皆与人以共见也。予认识共产党之优良，首由共军退出江西后，报馆通讯员，有游历其地者，详述共党在时政治之优良，及其地之人民对共党之怀念。次则西安事变后，报馆通讯，又有详述蒋介石之获释，皆由共产党之大公无私，一意抗日者。此两通讯，大约非见于《大公报》，即见于《申报》。抗战以前，予剪贴报纸甚多，惜皆因故居之被毁而毁灭矣。此时愿望，专在抗日。西安事变后，以为两党必能合作，不复注意其别一方面，故对共产党之真相仍无所知。抗战以后，予亦知日本人政治及军事之力，皆远较国民政府为强，胜利必非易事，但一有中国必不灭亡之信心。以如元清之占领中国，皆由中国只有一部分人与之抵抗，今既全国之人皆知敌忾，则日本必无力全占中国；尤其西南地势之险阻，西北路线之悠长，日人必无力攻入，终可留为中国反攻之根据地也。当国民政府退出武汉之际，西人有著论者，谓中国留在山地的军队，日人必无力消灭，但恐此等军队，苟安山区，不肯力战。予仔细研究湖北战事，亦觉其说非诬。但对于蒋介石及国民政府中位置较高之人，则信其必不降敌。共产党之抗敌，较国民政府为力，当时亦微有所知。（一）因在江南一带见闻所及之处，新四军作战之力，确较国民政府之军队为强。（二）则国民党之官员、党员、军人，多有降敌者，共产党则不闻有是。（三）则太行山区之战绩，遐听使人神往。且国民政府，几将河北山东放弃，而共产党仍能进展至其地；最后且进展至滦州；并有少数展至辽吉边境者。共产党在东北作战之事迹，尔时无所闻，此进展至滦洲及辽吉边境之消息，则日人亦不能讳，见于日本之报纸者也。（四）共产党当之策略，什九无所知，惟毛主席《论持久战》一文，则曾见之，亦深佩其战略。职是故，共产党抗敌之志，更较国民党为坚，抗敌之力，更较国民党为强，在当时亦知之。但（一）总以为共产党正规军不足，配备亦不如国民党军队之良，欲驱逐日人，必不能不藉两党之合作。（二）又其时对于后方之情形，不甚了了。共产党对于国民党既合作又防闲之策略，亦无所知。遇有两党摩擦之事，则以为低级人员之所为，高级人员必不如此，特其力未足制止下级人员，使之不相冲突耳；然亦断不致因此而破坏两党合作之局也。当时之见解如此。胜利以后，予对国民政府，转较抗战时期为失望。盖前此东西遥隔，该政府之劣迹，居于沦陷区者，不甚知之，至此则一一暴露矣。自后方来者，措置之混乱，及其贪污横暴无论矣。日寇之败北，国民政府何力焉？侥幸成功，自当下哀痛之令，深自刻责，方足以平民愤而励民气。乃每一下令，无不引敌寇之降服为已功，然则如此恶劣之局面，在政府视之，业已心满意足，尚何以激励民气？当苏联出兵之时，予不意其胜利如是之速。予亦知国民党在河北已无军队，而共产党则有之，私谓国民政府，必以共产党军为前驱，而自发大兵以继其后，会苏联共收东北。乃所闻者，则令日本人勿降国民党以外之军队；藉美帝之力，空运军队，以据东北要地而已。不亦令人齿冷乎？与苏联之条约，身所订也，而其党人又攻击之，然则其订此条约也，诚悔祸与苏联相亲善，而承认外蒙民族之自决乎？抑以此为手段，谋纳交苏联，以绝共产党之援，而谋动干戈于邦内也？其肺肝如见矣。然至政治协商会议之开，予心又渴望其成，且以为议必可成。渴望其成者，冀国共两党在议会内作斗争，以方新之共产党，逐渐淘汰腐败之国民党，不必再诉诸兵力也。以为可成者，谓史事不能重复，观于往事，军人不肯释私怨而以身殉之者固多，然在今日，蒋介石当愚不至此也。而孰意其皆出虑外？蒋氏所以敢启此滔天之衅者，盖专恃美帝之援？至此则全与帝国主义合流，虽卖国而有所不恤矣。日暮途远，不得不倒行而逆施，亦势使然也。故自政治协商会议决裂后，予惟日望共产党之成功。解放以前，消息皆被封锁，故予对共产党之政策，解放以后，方逐渐知之。予对今日之政治，根本上可谓百分之百赞成，何也？走社会主义之路，以达到世界大同，为予之素志，而循马列主义及毛泽东思想而行，亦予所认为正确之路线也。至于实际之措施，则可谓有百分之九十赞成。政府之政策正确，计划周详，且能励精图治；干部亦多数振作清廉；皆与人共见者也。其效验之可征者，短期内停止通货膨胀，统一财经管理，治久不能治之淮水，改革土地，振兴工业，调剂贸易与生产，镇压反革命分子，三反五反，底定新疆西藏抗美援朝，三年之中，功效卓著，虽敌人亦不能诬也。所不足百分之十者，干部不尽通知政府之意，奉行政府，或失元意，又宣传之意太多，反映人民意见不足，厉行批评与自我批评，亦尚有欠阙。此意尝与附中郦家驹君谈及，郦君曰：宣传太多者，国是初定，人民未尽了解，不得不然也。此说予亦谓然。又干部众多，自不能期其皆通知法意。古人有言曰：为治不在多言，顾力行何如耳。予亦曰：为治不在高论，顾力行何如耳，思虑周密深远者，实行之力，往往不足，反不如头脑简单之人，此理亦予所能知，但纠正偏向，当在其未甚之时，既甚而后图之，则将寻斧柯非复拔毛之易矣。此则区区忧盛危明之见也。

三反中之检讨。贪污之事实，予自问无之，因生平未曾经手过财物也。此次小组讨论，认为有两件事，可算贪污。（一）在学校阙课不补，而薪水照领。（二）则所编撰之书，有本不愿作，徒以稿费遂为之者。此亦充类至义之尽耳。然贪污之思想，实不可云无。何者？人之所欲不同，而同为有欲。予受旧教育较深，立身行己，常以古之贤士大夫为模楷；又生平无甚嗜好，故如三反五反中所发见资产阶级用以腐蚀干部之手段，皆不足以腐蚀予。有行贿者，予必能拒之，使予作官，牺牲习惯上之收入而有利于民，亦必能为之。此自度能之，不必伪为谦抑，言其不能者也。然遂可云无欲乎？人之所欲，必有其最大者，最后者，受损害者未及于此，皆能牺牲，至于此则难矣。孟子所谓能让千乘之国，而箪食豆羹见于色者也。其让千乘之国，正其贪污也。临真利害而不渝者，惟真有修养之士能之。故古人言慷慨捐躯易，从容就义难，前者犹或动于客气，可以袭取，后者则不能也。且如刘蕺山先生，死明之难，不激烈而失之早，亦不因循而失之迟，而自择一适宜之时，从容就义，绝无勉强，此非真有功夫而能之乎？此真所谓来去自由，数见迷信佛教之净土宗者，妄言能预知死期，以为来去自由，愿矣。设使当此境界，自问能之乎？曰：不能也。或曰：子未至其境，焉知其不能也？此如考试，虽未至其期，而以平时成绩，与同考者比较，一切皆不逮焉，至考试时能与之齐乎？且如金正希先生，游黄山，立悬崖上，足三分二分在外，心不动，吾辈今日能之乎？然则敢自诩曰：吾亦能如金先生之守徽州，至死不变乎？故曰：贪污思想不可云无也。设有行贿者来而拒之，正中于拒贿之欲耳，尤为魏其沾沾自喜也。惟浪费则亦然，予生平未尝经手公家财物，故亦无所谓浪费。此次检讨，惟在学校考试时，卷纸或有余剩，不交还发纸处，后遂不知所往，此可以云浪费，亦其细已甚矣。然可云能不浪费乎？不能也，何也？浪费本无一定标准，视客观环境而定。皖北乡间，材木缺乏，虽长板凳不能家有，于其地立一机关，布置一办公室焉，必求靠背椅而坐之，已为浪费矣。今在上海，有一机关，故多沙发，弃之何义？虽坐之，庸得云浪费乎？然使真有己饥已溺之怀者，坐之，念人之并长板凳而不能具，而己坐沙发，必有蹙然反不如坐长板凳之为安者。使此等人在皖北布置办公室，必不求靠背椅而坐之矣。今试自问：坐沙发时，有此蹙然不安之念乎？亦或有之，能持久而战胜其相反之念乎？然则使之布置办公室，能无浪费乎？右所检讨，皆近精微。至于官僚主义，则予彻底皆是，不必立较高之标准而后能见之也。何谓官僚主义？曰：凡事皆有名无实。当作之事，实不曾作，而又能巧立一说以推卸责任者则是矣。始焉巧立一说，乃所以避人督责，习之则心亦诚以为然，故初为法律问题者，后遂成为道德问题，世人而皆如此，则万事皆隳坏于冥漠之中。晋人清谈，正系如此。其人思想虽或高超，其行为实亦以守礼者为多，然其诒害于国家社会，则不可讳，亦不可恕也。予自问此习甚深。其所由然，实由予本为一堕落之世家子弟。昔日富贵之家，其创始之人，必出于艰苦之境。虽或为鄙夫，或竟刻薄、凶恶，然其人必有能力。至一再传后，则其子弟生而处于优裕之境，遂懒惰不做事而好享受。即或家道中落，而家庭之积习已成；又其戚族朋友，亦多系此等人；遂堕落而不能自拔矣。此等人中，有纵侈者，有凶暴者，人皆目为恶人，久之，遂至为人所不齿。其温厚谨饬者，人亦不加责备。其中亦有少数，能读书通知学问者，人并目为好人，然其腐败不能奋发有为、趋事赴功则一也。而予即其人也。予自问，性最懒惰，因懒惰故，凡事皆立于旁观地位，止于表示赞否而已，不肯身当其任。生平不欲作官，亦不肯加入政党，此亦为其大原因。人有问予：在光华二十余年，他校相招者甚多，条件多优于光华，何以终不迁改？其大原因，亦在懒惰，惮于迁改而已。虽切身之事，亦多出以敷衍，得过且过。人有以事问予者，答语多模棱，非欲持模棱免过咎，予视事不容已及必不可者本甚少也。所以如此者，以生平不亲务，但持论，亲务者不能不出于一途，持论者固可列举多端，任人自择，故养成此习惯也。世家子弟，在社会之流品本高；又旧时读书人，有真能读书者，亦有仅从事于科举之业者，前者对后者，亦颇轻视；无意中养成自高自大之习，与人不亲。与人不亲，则自甘孤寂，在学术上不能与人合作，亦不能指导人。不访人，亦惮人见访。因与人不接故，凡事不知真相。不知真相则多疑，遇事须多考虑，考虑虽多，仍无真知灼见，则不能坚持一是，而动摇妥协矣。以习于懒惰孤寂故，亦不思纵侈，但乐优闲。今人自行检讨，每云想住洋房，坐汽车，予无此念。予所神往者，龚定庵先生之诗，曰：红日柴门一丈开，不须逾济与逾淮。家家饭熟书还熟，羡杀承平好秀才。其所乐者异矣，其所系恋则同也。以好优闲故，自由散漫之弊，自不能免，而不能服从纪律。又习处安全之境，故好说理而惮斗争，以此不能为革命工作。予之学问，本非如今所谓纯技术者流，亦非如今所谓为学术而学术，遭值世变，本应随自己之能力及所处之地位而有所靖献，不能然者？不能自拔于环境之外，爽不自振也。何以自恕，如今人所云防空洞者乎？犹忆亡清捐例将停时，或谓予父：贤郎固能读书，然今世道艰难，为子弟计，当多备可走之路，如狡兔之有三窟。君应筹款，为贤郎捐一职，将来若不需用，自可弃之，多备无患也。予父喟然曰：世变亟矣，予有子，不欲其作官也。因谓予曰：隐居不仕，教授乡里最佳。予父所谓教授乡里，非如今之所谓大学教授。如予之所为，自昔人之有德者观之，已为骛声华而非悃愊之士矣。然予父不欲予作官，亦非谓人不当自效于当世，特谓不当如流俗，以作官为啖饭之途径耳。使予能随才力地位而自靖，固亦予父所深喜，而予遇懒惰而欲有便私图时，固尝自恕曰：此非先人之所望于予。是欲自便私图，而委其责于先人也。在民国元年时，章行严君尝在《独立周报》中自道曰：人之有才，如货物焉。货物当致之需用之处，人才亦宜自度所宜。有宜实行者，有宜以言论唱道者。予自审不能实行，故遂不躬与革命之役也。此言予颇善之，故尝自期，与其趋事赴功，宁以言论自见。设遇机会，可作幕僚而不可作官。作幕僚或曰无机会，言论不能云无，而有所怀亦什之九不下笔，此当自咎，不可以咎当世也。且古之强聒不舍者谁乎？

检讨予之思想之来源，何属乎？曰：属于资产阶级也。予之立身行己，恒以古贤士大夫为模楷，亦好称诵其言，故人恒谓予有封建时代之余习，其实不然，观人必于其微。人之性质，在深处自有其根柢。所诵习之具体条件，与此根柢无伤害时，皆能行之，及其两不相容，则为此根柢所格，弃如敝屣矣。人类之德行，随社会之发展而发展。封建主义时代曰勇，资本主义时代曰智，社会主义时代曰仁。人之始，与自然相搏斗而生，非勇无以自存。历奴隶社会以至封建社会，一部分人，不用其力以与自然争，而用以剥夺人，勇足用也，而失之暴矣。然但以勇言，其德固有足称者。此时代之人，厚其所厚而昧兼爱。于其所不爱者，视之如仇，贼之若草芥也。于其所厚者，则尽力以奉之，不复计其是非利害。李广为卫青所贼，其子敢，又为霍去病所杀，汉武帝徒庇椒房之亲，不能正其诛。而广孙陵犹为之以步卒五千绝幕，无援败降，欲得当报于汉也，而武帝又收族其家，不真视臣如草芥乎？而陇西士大夫，犹以李氏为愧；是则封建时代之典型人物已。后世犹有之乎？岂无志节之士，视死如归者？彼自求其心之所安，非效忠于一人也。何也？资本主义兴，则人日益智，知个人之不足为之效忠矣。故所谓封建主义，久绝于中国矣，如死灰之不可复燃矣。今之世，有进于社会主义而涤除其资产阶级之积习者，守封建时代之余习而未达资产阶级之思想者，则无有也。何也？举世皆然，一人不能独异也。或曰：亲美，崇美，恐美，今之大学教授，比比然也，是资产阶级思想也。子有之乎？无之则何云资产阶级思想也？曰：亲美，崇美，恐美，不足以云资产阶级思想也，是直奴才耳。资产阶级无亲，唯利是图。资产阶级，特色在智，智则知人之所至，我亦能之，何足崇焉？惟利是图，知己知彼，力足敌之，则抗之矣，又何恐焉？故真资产阶级，当赞成抗美。其不然者，其利依附美帝，所谓买办阶级也。

曹汉奇君云：子毕生从事教学、著述，当就此两者，加以检讨。今从之。予于教学，夙反对今人所谓纯学术及为学术而学术等论调。何者？人能作实事者多，擅长理论者少。同一理论，从事实体验出者多，且较确实，从书本上得来者少，且易错误。历来理论之发明，皆先从事实上体验到，然后借书本以补经验之不足，增益佐证而完成之耳。故致力于书本，只是学术中一小部分。专以此为学术，于学术实未有知也。予之宗旨虽如此，然予之性质，实近于致力书本之人。故历来教学，亦只能教人读书。此观与我亲近之旧同学，皆系好读书之人可知。予虽教人读书，并不主脱离实际。且恒戒学者：学问在空间，不在纸上。须将经验与书本，汇合为一，知书上之所言，即为今日目击之何等事。此点自问不致误人。然全然破除经生门面，只重知识，而于书本则视如得鱼之忘筌，则病未能也。高深之学理，以浅显之言出之，讲授时亦能之。但将所授之内容，减低程度，亦嫌不足。向持中道而立，能者从之之见。此点，实尚未适宜大多数人也。

予之述作，有下列诸书：（一）《中国文字变迁考》。论篆隶真行草之变迁，其中论汉代所谓古文一段，自谓颇有价值。（二）《字例略说》。此书论六书之说，为汉代研究文字之学者所创；字例实当别立；六书中惟象形为文，指事亦字；及整理旧说，辅以新得材料，以论文字之增减变迁：自问亦足观览。（三）《说文解字文考》。文为单体，其一部分成为中国之字母，既非《说文》之部首，亦非普通所谓偏旁。当从现存之字中句求得之，然后用为识未识文字之基础。予就《说文》一书试为之。（四）《章句论》。论章句两字之本义，即今之标点符号。中国古亦有标点符号，而后钞写、印刷时，逐渐失之。今钩求得若干种，于读古书时补上，可使意义较明显。此事前人虽略引端倪，从未畅论。拙作出版后，亦未见有续论者，至少值得一览也。（五）《白话本国史》。此书系将予在中学时之讲义及所参考之材料，加以增补而成。印行于一九二一或一九二二年，今已不省记矣。此书在当时，有一部分有参考之价值，今则予说亦多改变矣。此书曾为龚德柏君所讼，谓予诋毁岳飞，乃系危害民国。其实书中仅引《文献通考·兵考》耳。龚君之意，亦以与商务印书馆不快，借此与商务为难耳。然至今，尚有以此事诋予者。其实欲言民族主义，欲言反抗侵略，不当重在崇拜战将。即欲表扬战将，亦当详考史实，求其真相，不当禁遏考证也。（六）《中国通史》。予在大学所讲，历年增损，最后大致如是。此书下册仅资联结。上册农工商、衣食住两章，自问材料尚嫌贫薄，官制一章，措词太简，学生不易明了，余尚足供参考。（七）《先秦史》。此书论古史材料、古史年代、中国民族起源及西迁、古代疆域、宦学制度，自谓甚佳。（八）《秦汉史》。此书自问，叙西汉人主张改革，直至新莽；及汉武帝之尊崇儒术，为不改革社会制度而转入观念论之开端；儒术之兴之真相；

秦汉时物价及其时富人及工资之数；选举、刑法、宗教各章节，均有特色。（九）《两晋南北朝史》。此书自问，总论可看。此外发见魏史之伪造及讳饰、表章抗魏义民、表章陈武帝、钩考物价工资资产及论选举制度皆佳。论五胡时，意在激扬民族主义，稍失其平，因作于日寇入犯时，不自觉也。异日有机会当改正。（十）《中国民族史》。此书考古处有可取，近代材料不完备，论汉族一篇，后来见解已改变。（十一）《先秦学术概论》。近来论先秦学术者，多侧重哲学方面，此书独注重社会政治方面，此点可取。（十二）《理学纲要》。近人论理学之作，语多隔膜，此书自谓能得其真。惟只及哲学，未及理学之政治社会方面为缺点。（十三）《史通平》。以现代史学观点，平议，推论，亦附考据辩证。（十四）《经子解题》。论读古书方法及考证古籍、推论古代学术派别源流处，可供参考。（十五）《燕石札记》。考证尚可取，论晋人清谈数篇，今日观之，不尽洽意。以上一至五，十二至十五，商务出版。六至九，开明出版。十、十一，世界出版。三，未出版。此外单篇散见报章杂志者，一时不能尽忆，然不多也。诗文附日记中，日记几全毁于日寇，恐所存已仅，至今未能搜葺也。予所述作，多依附学校讲义而行，故中多普通材料。现甚想将其删去，全留有独见之处，卷帙可简什七，即成精湛之作矣。少时读史，最爱《日知录》《廿二史札记》，稍长，亦服膺《十七史商榷》《癸巳类稿》，今自检点，于顾先生殊愧望尘，于余家差可肩随耳。今人之屑屑考证，非顾先生所不能为，乃顾先生所不欲为也。今人自诩搜辑精博，殊不知此等材料，古人既得之而复弃之者多矣，此意予亦老而后知。

然后知少无名师，精力之浪费者多也。

今后之希望，道德贵于力行而已，不欲多言。学术上：（一）欲删定旧作。（二）夙有志于将《道藏》之书，全读一过，未能实行。今后如有此日力，仍欲为之。所谓道教者，包括从古已来杂多之宗教，自亦有其哲学思想；与佛教又有犬牙相错处，与农民豪杰反抗政府之组织及反动道门，皆有关系，而至今无人研究。使此一部分，成为中国学术上之黑暗区域。政治史、社会史、宗教史、哲学史，亦咸留一空白。予如研究，不敢望大有成就，必能透出一线曙光，开后人研究之途径也。不知此愿能偿否？马列主义，愧未深求。近与附中李永圻君谈及。李君云：学马列主义，当分三部分：（一）哲学，（二）经济，（三）社会主义。近人多侈谈其三，而于一二根柢太浅。此言适中予病，当努力补修。

从我学习历史的经过说到现在的学习方法[①]

一　少时得益于父母师友

《堡垒》的编者，嘱我撰文一篇，略述自己学习历史的经过，以资今日青年的借鉴。我的史学，本无足道；加以现在治史的方法，和从前不同，即使把我学习的经过都说出来，亦未必于现在的青年有益。所以我将此题分为两阕，先略述我学习的经过，再略谈现在学习的方法。

我和史学发生关系，还远在八岁的时候。我自能读书颇早，这一年，先母程夫人始取《纲鉴正史约编》，为我讲解，先母无暇时，先姊颂宜（讳永萱），亦曾为我讲解过。约讲至楚汉之际。我说我自己会看了，于是日读数页。约读至唐初，而从同邑魏少泉先生（景徵）读书。先生命我点读《纲鉴易知录》，《约编》就没有再看下去。《易知录》是点读完毕的。十四岁，值戊戌变法之年，此时我已能作应举文字。八股既废，先师族兄少木

① 吕思勉先生1941年应上海《中美日报》《堡垒》副刊编者之请，在该刊的《自学讲座》内，接连发表了四篇文章，详细记述了早年受教育的经过。

（讳景栅）命我点读《通鉴辑览》，约半年而毕。当中日战时，我已读过徐继畬的《瀛寰志略》，并翻阅过魏默深的《海国图志》，该两书中均无德意志之名，所以竟不知德国之所在，由今思之，真觉得可笑了。是年，始得邹沅帆的《五洲列国图》，读日本冈本监辅的《万国史记》，蔡尔康所译的《泰西新史揽要》及王韬的《普法战纪》。黄公度的《日本国志》则读而未完，是为我略知世界史之始。明年，出应小试，侥幸入学。先考誉千府君对我说：你以后要多读些书，不该兢兢于文字之末了。我于是又读《通鉴》、毕沅的《续通鉴》和陈克家的《明纪》。此时我读书最勤，读此三书时，一日能尽十四卷，当时茫无所知，不过读过一遍而已。曾以此质诸先辈，先辈说："初读书时，总是如此，读书是要自己读出门径来的，你读过两三千卷书，自然自己觉得有把握，有门径。初读书时，你须记得《曾文正公家书》里的话'读书如略地，但求其速，勿求其精'。"我谨受其教，读书不求甚解，亦不求其记得，不过读过就算而已。十七岁，始与表兄管达如（联第）相见，达如为吾邑名宿谢钟英先生之弟子，因此得交先生之子利恒（观），间接得闻先生之绪论。先生以考证著名，尤长于地理，然我间接得先生之益的，却不在其考证，而在其论事之深刻。我后来读史，颇能将当世之事，与历史上之事实互勘，而不为表面的记载所囿，其根基实植于此时。至于后来，则读章太炎、严几道两先生的译著，受其启发亦非浅。当世之所以称严先生者为译述，称章先生为经学，为小学，为文学，以吾观之，均不若其议论能力求核实之可贵。

苏常一带读书人家，本有一教子弟读书之法，系于其初能读书时，使其阅《四库全书总目提要》一过，使其知天下（当时之所谓天下）共有学问若干种？每种的源流派别如何？重要的书，共有几部？实不啻于读书之前，使其泛滥一部学术史，于治学颇有裨益。此项功夫，我在十六七岁时亦做过，经、史、子三部都读完，惟集部仅读一半。我的学问，所以不至十分固陋，于此亦颇有关系（此项功夫，现在的学生，亦仍可做，随意浏览，一暑假中可毕）。

十七岁这一年，又始识同邑丁桂徵（同绍）先生。先生之妻，为予母之从姊。先生为经学名家，于小学尤精熟，问以一字，随手检出《说文》和《说文》以后的字书，比我们查字典还要快。是时吾乡有一龙城书院，分课经籍、舆地、天算、词章。我有一天，做了一篇经学上的考据文字，拿去请教先生，先生指出我对于经学许多外行之处，因为我略讲经学门径，每劝我读《说文》及注疏。我听了先生的话，乃把《段注说文》阅读一过，又把《十三经注疏》亦阅读一过，后来治古史略知运用材料之法，植基于此。

二　我学习历史的经过

我少时所得于父母师友的，略如上述，然只在技术方面。至于学问宗旨，则反以受漠不相识的康南海先生的影响为最深，而梁任公先生次之。这大约是性情相近之故吧！我的感情是强烈的，而我的见解，亦尚通达，所以于两先生的议论，最为投契。我的希望，是世界大同，而我亦确信世界大同之可致，这种见解，实植根于髫年读康先生的著作时，至今未变。至于论事，则极服膺梁先生，而康先生的上书记（康先生上书，共有七次。第一至第四书合刻一本，第五第七各刻一本，惟第六书未曾刊行），我亦受其影响甚深。当时的风气，是没有现在分门别类的科学的，一切政治上社会上的问题，读书的人，都该晓得一个大概，这即是当时的所谓“经济之学”。我的性质，亦是喜欢走这一路的，时时翻阅《经世文编》一类的书，苦于掌故源流不甚明白。十八岁，我的姨丈管凌云（讳元善）先生，即达如君之父，和汤蛰仙（寿潜）先生同事，得其书《三通考辑要》，劝我阅读。我读过一两卷，大喜，因又求得《通考》原本，和《辑要》对读，以《辑要》为未足，乃舍《辑要》而读原本。后来又把《通典》和《通考》对读，并读过《通志》的二十略。此于我的史学，亦极有关系。人家都说我治史喜欢讲考据，其实我是喜欢讲政治和社会各问题的，不过现在各种社会科学，都极精深，我都是外行，不敢乱谈，所以只好讲讲考据罢了。

年二十一岁，同邑屠敬山（寄）先生在读书阅报社讲元史，我亦曾往听，先生为元史专家，考据极精细，我后来颇好谈民族问题，导源于此。

我读正史，始于十五岁时，初取《史记》，照《归方评点》，用五色笔照录一次，后又向丁桂徵先生借得前后《汉书》评本，照录一过。《三国志》则未得评本，仅自己点读一过，都是当作文章读的，于史学无甚裨益。我此时并读《古文辞类纂》和王先谦的《续古文辞类纂》，对于其圈点，相契甚深。我于古文，虽未致力，然亦略知门径，其根基实植于十五岁、十六岁两年读此数书时。所以我觉得要治古典文学的人，对于前人良好的圈点，是相需颇殷的。古文评本颇多，然十之八九，大率俗陋，都是从前做八股文字的眼光，天分平常的人，一入其中，即终身不能自拔。如得良好的圈点，用心研究，自可把此等俗见，祛除净尽，这是枝节，现且不谈。四史读过之后，我又《晋书》《南史》《北史》《新唐书》《新五代史》，亦如其读正续《通鉴》及《明纪》然，仅过目一次而已。听屠先生讲后，始读辽、金、元史，并将其余诸史补读。第一次读遍，系在二十三岁时，正史是最零碎的，匆匆读过，并不能有所得，后来用到时，又不能不重读。人家说我正史读过遍数很多，其实不然，我于四史，《史记》《汉书》《三国志》，读得最多，都曾读过四遍。《后汉书》《新唐书》《辽史》《金史》《元史》三遍，其余都只两遍而已。

我治史的好讲考据，受《日知录》《廿二史札记》两部书和梁任公先生在杂志中发表的论文，影响最深。章太炎先生的文字，于我亦有相当影响。亲炙而受其益的，则为丁桂徵、屠敬山两先生。考据并不甚难，当你相当的看过前人之作，而自己读史又要去推求某一事件的真相时，只要你肯下功夫去搜集材料，材料搜集齐全时，排比起来，自然可得一结论。但是对于群书的源流和体例，须有常识。又什么事件其中是有问题的，值得考据，需要考据，则是由于你的眼光而决定的。涉猎的书多了，自然读一种书时，容易觉得有问题，所以讲学问，根基总要相当的广阔，而考据成绩的好坏，并不在于考据的本身。最要不得的，是现在学校中普通做论文的方法，随意找一个题目，甚而至于是人家所出的题目。自己对于这个题目，本无兴趣，自亦不知其意义，材料究在何处，亦茫然不知，于是乎请教先生，而先生亦或是一知半解的，好的还会举出几部书名来，坏的则不过以类书或近人的著作塞责而已（以类书为线索，原未始不可，若径据类书撰述，就是笑话了）。不该不备，既无特见，亦无体例，聚集钞撮，不过做一次高等的钞胥工作。做出来的论文，既不成其为一物，而做过一次，于研究方法，亦毫无所得，小之则浪费笔墨，大之则误以为所谓学问、所谓著述，就是如此而已，则其贻害之巨，有不忍言者已。此亦是枝节，搁过不谈（此等弊病，非但中国如此，即外国亦然。抗战前上海《大公报》载有周太玄先生的通信，曾极言之）。

三　社会科学是史学的根基

我学习历史的经过，大略如此，现在的人，自无从再走这一条路。史学是说明社会之所以然的，即说明现在的社会为什么成为这个样子。对于现在社会的成因，既然明白，据以猜测未来，自然可有几分用处了。社会的方面很多，从事于观察的，便是各种社会科学。前人的记载，只是一大堆材料。我们必先知观察之法，然后对于其事，乃觉有意义，所以各种社会科学，实在是史学的根基，尤其是社会学。因为社会是整个的，所以分为各种社会科学，不过因一人的能力有限，分从各方面观察，并非其事各不相干，所以不可不有一个综合的观察。综合的观察，就是社会学了。我尝觉得中学以下的讲授历史，并无多大用处。历史的可贵，并不在于其记得许多事实，而在其能据此事实，以说明社会进化的真相非中学生所能；若其结论系由教师授与，则与非授历史何异？所以我颇主张中学以下的历史，改授社会学，而以历史为其注脚，到大学以上，再行讲授历史。此意在战前，曾在《江苏教育》上发表过，未能引起人们的注意。然我总觉得略知社会学的匡廓，该在治史之先。至于各种社会科学，虽非整个的，不足以揽其全，亦不可以忽视。为什么呢？大凡一个读书的人，对于现社会，总是觉得不满足的，尤其是社会科学家，他必先对于现状，觉得不满，然后要求改革；要求改革，然后要想法子；要想法子，然后要研究学问。若其对于现状，本不知其为好为坏，因而没有改革的思想；又或明知其不好，而只想在现状之下，求个苟安，或者捞摸些好处，因而没有改革的志愿，那还讲学问做什么？所以对于现状的不满，乃是治学问者尤其是社会科学者真正的动机。此等愿望，诚然是社会进步的根源；然欲遂行改革，非徒有热情便可济事，必须有适当的手段，而这适当的手段，就是从社会科学里来的。社会的体段太大了，不像一件简单的物事，显豁呈露地摆在我们面前，其中深曲隐蔽之处很多，非经现代的科学家，用科学方法，仔细搜罗，我们根本还不知道有这回事，即使觉得有某项问题，亦不会知其症结之所在。因而我们想出来的对治的方法，总像斯宾塞在《群学肄言》里所说的：看见一个铜盘，正面凹了，就想在反面凸出处打击一下，自以为对症发药，而不知其结果只有更坏。发行一种货币，没有人肯使用，就想用武力压迫，就是这种见解最浅显的一个例子。其余类此之事还很多，不胜枚举，而亦不必枚举。然则没有科学上的常识，读了历史上一大堆事实的记载，又有何意义呢？不又像我从前读书，只是读过一遍，毫无心得了么？所以治史而又能以社会科学为根柢，至少可以比我少花两三年功夫，而早得一些门径。这是现在治史学的第一要义，不可目为迂腐而忽之。

对于社会科学，既有门径，即可进而读史，第一步，宜就近人所著的书，拣几种略读，除本国史外，世界各国的历史，亦须有一个相当的认识；因为现代的历史，真正是世界史了，任何一国的事实，都不能撇开他国而说明。既然要以彼国之事，来说明此国之事，则对于彼国既往的情形，亦非知道大概不可。况且人类社会的状态，总是大同小异的；其异，乃由于环境之殊，此如夏葛而冬裘，正因其事实之异，而弥见其原理之同。治社会科学者，最怕的是严几道所说的“国拘”，视自己社会的风俗制度为天经地义，以为只得如此，至少以为如此最好。此正是现在治各种学问的人所应当打破的成见，而广知各国的历史，则正是所以打破此等成见的，何况各国的历史，还可以互相比较呢？

四 职业青年的治学环境

专治外国史，现在的中国，似乎还无此环境。如欲精治中国史，则单看近人的著述，还嫌不够，因为近人的著述，还很少能使人完全满意的，况且读史原宜多觅原料，不过学问的观点，随时而异，昔人所欲知的，未必是今人所欲知，今人所欲知的，自亦未必是昔人所欲知。因此昔人著述中所提出的，或于我们为无益，而我所欲知的，昔人或又未尝提及。居于今日而言历史，其严格的意义，自当用现代的眼光，供给人以现代的知识。否则虽卷帙浩繁，亦只可称为史料而已。中国人每喜以史籍丰富自夸，其实以今日之眼光衡之，亦只可称为史料丰富。史料丰富，自然能给专门的史学家以用武之地，若用来当历史读，未免有些不经济，而且觉得不适合。但是现在还只有此等书，那也叫没法，我们初读的时候，就不得不多费些功夫。于此，昔人所谓门径是自己读出来的；读书之初，不求精详，只求捷速；读书如略地，非如攻城等等说法仍有相当的价值。阅读之初，仍宜以编年史为首务，就《通鉴》一类的书中，任择一种，用走马看花之法，匆匆阅读一过。此但所以求知各时代的大势，不必过求精细。做这一步功夫时，最好于历史地理，能够知道一个大概。这一门学问，现在亦尚无适当之书，可取《方舆纪要》，读其全书的总论和各省各府的总论。读时须取一种历史地图翻看。这一步工夫既做过，宜取《三通考》，读其田赋、钱币、户口、职役、征榷、市籴、土贡、国用、选举、学校、职官、兵、刑十三门。历史的根柢是社会，单知道攻战相杀的事是不够的，即政治制度，亦系表面的设施。政令的起源（即何以有此政令）及其结果（即其行与不行，行之为好为坏），其原因总还在于社会，非了解社会情形，对于一切史事，可说都不能真实了解的。从前的史籍，对于社会情形的记述，大觉缺乏。虽然我们今日，仍可从各方面去搜剔出来，然而这是专门研究的事。在研究之初，不能不略知大概。这在旧时的史籍中，惟有叙述典章制度时，透露得最多。所以这一步工夫，于治史亦殊切要。此两步工夫都已做过，自己必已有些把握，其余一切史书，可以随意择读了。正史材料，太觉零碎，非已有主见的人，读之实不易得益，所以不必早读。但在既有把握之后读之，则其中可资取材之处正多。正史之所以流传至今，始终被认为正史者，即由其所包者广，他书不能替代之故。但我们之于史事，总只能注意若干门，必不能无所不包。读正史时，若能就我们所愿研究的事情，留意采取，其余则只当走马看花，随读随放过，自不虑其茫无津涯了。

考据的方法，前文业经略说，此中惟古史最难。因为和经子都有关涉，须略知古书门径，此须别为专篇乃能详论，非此处所能具陈。

学问的门径，所能指出的，不过是第一步。过此以往，就各有各的宗旨，各有各的路径了。我是一个专门读书的人，读书的工夫，或者比一般人多些，然因未得门径，绕掉的圈儿，亦属不少。现在讲门径的书多了，又有各种新兴的科学为辅助，较诸从前，自可事半功倍。况且学问在空间，不在纸上，读书是要知道宇宙间的现象，就是书上所说的事情；而书上所说的事情，也要把他转化成眼前所见的事情。如此，则书本的记载和阅历所得，合同而化，才是真正的学问。昔人所谓“世事洞明皆学问，人情练达即文章”，其中确有至理。知此理，则阅历所及，随处可与所治的学问相发明，正不必兢兢于故纸堆中讨生活了。所以职业的青年治学的环境，未必较专门读书的青年为坏，此义尤今日所不可不知。

青年时代的回忆

几行衰草迷烟柳，一片斜阳下酒楼，又是深秋时候。

这使我回忆起青年时代的情景来了。一个小小的镇市，镇的西尽头，有两间破旧的楼屋。这楼其实不高，因其在镇的尽头，更无遮蔽了，望出去，却觉得空旷。楼屋既旧，屋中桌椅等的陈旧破败，更不必说。然而镇上只有这一个酒家，沽些村醪，亦略有些下酒物，如豆、花生之类。要吃热菜，却没有了，除非是到外面小饭店去叫。爱喝酒的人，约几个朋友，到那里去高谈阔论，猜拳行令，每人喝上两三斤酒，固然是好的。假使醉翁之意不在酒，独自踱得去，靠着窗棂，拣个座儿，眺望那霜稻登场野色宽的情景，亦无不可。镇上可以眺远的建筑，除此之外，再没有了。如此行来，倒也自得其乐。如有知己的朋友，约一两个去，谈谈说说，自然更好。到暮色苍茫，大家就各自散了，或者独自回去。因为窗外再没有什么可以眺望了。除非有月色或雪景。然而乡下的市面是早的，久留于外，搅扰着人家不安，自己也觉得无谓。

家里，自然也有亲戚朋友来。来了，也留人家吃饭，酒不过数行，菜不过数簋。比平时吃晚饭，时间略为延长些。饭罢，回家的略坐告辞，留宿的，谈谈，也就道了安置。长夜之饮，是我在青年时代，没有看见过的。

逢时过节，大家都空着游玩，自然是比较热闹些。趁这机会做小买卖的也多，自然看见的东西，比平时要多些。然亦总不过如此，无甚可以刺激得起兴趣的。如今想起来，最使人爱恋不忘的，倒是那木刻而用套版印的图画。我那时最爱看的，是战争的事情，如关公温酒斩华雄、李元霸三锤击走裴元庆、虮蜡庙等。此项图画，小的只有现在连环图画这么大。一张纸，长约尺许，宽倍之。均分做十六格或二十格，每格各画一件故事。大的，却比方桌面还大些，只画着一件事。人物都奕奕有神，远较今日连环图画为精。

这时候的人，见闻是很窒塞的。还记得甲午战时，有些人根本不知道日本在哪里，只约略知道在东方罢了。我家里算是有书的，便翻些出来看。还有亲戚朋友来借看。我还记得：翻出来的三种书，一种是《海防论》，一种是《海国图志》，一种是《瀛寰志略》。那自然《瀛寰志略》是最新的了，然而在《瀛寰志略》中，还找不出德意志的名字。于是有人凭空揣测，说德意志一定就是荷兰。因为在传说中，德意志很强，而在《瀛寰志略》中看，荷兰国虽小，也颇强盛的，那自然是它并吞他国后改名的了。那时候，还有人说：日本的国土（这两个字，见佛家经论中。土字读去声，如杜。现在的人口中还有这句话，下笔却不会写了，便把它写作度字，度字是有可解的。）比朝鲜小。因为那时候，有一种箑扇上画着中国地图，也连带画着朝鲜、日本。画到日本时，大约因为扇面有限，就把它缩小了。这时候的人，真是除科举之学以外，什么也不知道的。他们所相信的是些什么话？我现在试举几句做例。那时候，中国战败了，把台湾割给日本。刘永福据着台南抵抗，内地侈传他的战绩，真是无奇不有。有的说：刘永福知道日本的马队要来了，派几百个人，一人肩着一根竹竿去抵抗。吩咐他：见日本兵，便把竹竿抛在地下跑回来。那些人遵令行事，日本兵的马，跑到竹竿上，都滑跌了，马上的兵，都跌下来。刘永福却早在旁边埋伏了兵，一拥而出，把日本兵都打死了。又一次，日本兵在水边上，刘永福传令，收集了几百顶箬帽，把他浮在水面上，日本兵看见了，以为中国懂得水性的兵，泅水来攻了，一齐发枪射击。到枪弹放完了，刘永福的伏兵却出来，把日本又打得大败。有人说：刘永福奇谋妙算如此，政府为什么不早用他做大将呢？有人说：政府本来征求过他的意见的，刘永福要和各外国同时开仗，把他们一齐赶掉。政府认为这事太大了，所以不敢。有人说：以刘永福之才，就和各国同时开仗，怕什么？不过国运是难说的，万一打得正得手，刘永福倒病死了，那就成为不可收拾之局了。又有人说：刘永福算得什么？听说他的计策，都是一个白发的军师替他出的呢。后来刘永福内渡了，又有人说：就是这位军师，替他定下计策脱身的。因为仰观天象，知道气数如此，台湾终于不能守，不必枉害生灵。所以定下计策，自己先走三天，却留下一个锦囊妙计给刘永福，叫他三天之后依计而行。果然神不知、鬼不觉走脱了。不但自己不曾被害，就是军队也都依计遣散，丝毫没有损伤。到日本兵进去，已经都是空营了。还有人说：日本兵到中国来，根本不知道地理的，都是李鸿章，把地图送给他。这些话，现在说起来，好像是造作出来，以博一笑的。然而我敢说：这都是我在小时候，亲见亲闻的事实。这时候我正住在一个偏僻的地方，大约那地方太偏僻了，所以如此罢？然而说这些话的人，都并非下层社会中人，有几个还是读书明理的士子呢！

他们为什么会相信这些话？还要津津有味地传述？假使他们肯想一想：这话是怎样传得来的？譬如台湾之事、北京之事，是哪一个人，在哪里目见耳闻？又经过什么人，把这消息带给向我说述的人的？他就立刻可以发见这话的靠不住。然而他们从不肯这么想。假使当时有人对他们这么说，他们也一定不肯信的。这并不是他们识不足以及此。有许多时候，他们推论一件事情的信否，比这要复杂得多呢。可见他们并非不能推想，而是不愿推想。为什么不愿推想呢？以一件事要推想，多么费力？像听说书一样听听，不但不难了解，其话还饶有趣味，何等快活？正做着自己骗自己的好梦，谁愿有人唤醒他呢？千万年来，为什么有许多利害切身之事，人们都不明白其所以然？为什么明明公众之事，却会给一两个人把持了？为什么极无理由的话，也会骗得许多人？大概都是人们这种脾气所造成的罢。教育家最大的仇敌是什么？该就是人们的这种性质了。然而我们讲新教育，讲了几十年，似乎对于人们的这种性质，并没有能改变。不但不能改变被教育者的思想，连教育本身，也是这样的。我曾遇见一个大学生，偶然谈起经济学来，他就滔滔不绝的，讲给我听，却都是些高小或者初中教科书里已有的话头。有一次，遇见一个中学教员。他是教会学校出身的，谈起教会中所办某事业来，他倒说得出：这个教会，向外国某地方，募得款项若干；又向中国某大官、某富人，募得款项若干。他说：为什么外国人的能力这么大？中国人为什么总没有这般能力？我说：这有什么稀奇，外国的经济程度，本和中国不同。到外国去募捐，和在中国募捐，成绩也自然不同了。譬如一个人在通都大邑募捐，一个人在穷乡僻壤募捐，其成绩如何得同，这和人的能力，有什么关系？若说他们在中国，亦能募得多数捐款，那是由于以他们的资格到中国来，所交结的，都是达官富人，中国人要办事的，所交结的人，就不然了，这和能力有什么相干？我所说的话，自以为明白易解了。他却表示惊疑之色。我想：要把人的能力大小和他的办事成绩好坏分开，这件事费心太多了。他已是三十多岁的人，向来没用惯这种心思，再要他走这条生路，未免太吃力了，不谈了罢，就把别的话岔开去了。

这一类事，我遇见很多。所以我总怀疑于现在的所谓普及教育、推广教育，哪里来这许多教育者呢？不错，学工业的人，是会得做工；学商业的人，是会得记账的。然而，这似乎是技术。技术在从前，似乎只算得手艺一类的事，并不算得教育。固然，从前的所谓教育，是一文不值了。然而并不是从前所认为不足以算作教育的事，因此就可以升格而算作教育。一个人所藏的银子，夹杂了铅，并不是铅因此就可以算作银子的。这怕不仅是中国一国的问题罢？王光济君所译《中国教育的出路》说："美德两国，推行职业教育，不遗余力。结果，立即发见：驱全国国民尽成机械。任何德国人，若无人在旁加以指挥，即不能动弹。渠为一完美之工人，但非一男子、人、邻人、丈夫、社交者或父亲。"（见《青年半月刊》第一期。）我们知道：人与自然的关系，固然密切，人与人的关系，也是同样密切的。人与自然的关系，不妨假手于人。我们天天点电灯、趁电车，有几个人曾研究过电学来？人与人的关系却不然。我们要做一个邻人、丈夫、父亲，不能邻人、媳妇、子女和我们说话，我们却说：这我不能回答，要请伦理学专家代庖。然则我们从前，把人和人的关系，认为首要，认为人人所必须有的知识，而人和物的关系次之。这见解，其实并没有错。不过从前所认为人对于人的道理，有一大部分是错的。至少在今日，此等道理，非徒无益，而又有害罢了。这话牵涉得太广了，现在不能谈下去，只得就此截断了。我还觉得：我小时候所处的那种优闲的境地，比现在都市里繁忙的情形，要好得多。那时候的大多数人，固然糊里胡涂的，把这优闲的岁月，在胡涂中送去了，而这是当时的文化使之如此。假使在这种优闲的环境中推动人力，一定比在繁忙中的环境好些。我有一个同乡，到上海来，借住在某甲家中一个多月。这个同乡，颇为贫穷，在上海时，因为资斧乏绝，把一件什么东西当了。回去时，没有能够收赎。有一次，我在上海要回去，这同乡知道了，写信给某甲，托他把东西赎了出来，又写信给我，托的临行时到某甲家中去取了，代他带回。穷人是没有什么奢侈品可当的，所当的，都是急于要用的东西。我在火车开行之前约一点钟，到了某甲之家，谈起这事情来，某甲却挖耳搔腮，无可为计。原来某甲、某甲之妻、某甲之姊，都打了半夜牌，把这事情，忘在九霄云外了。这时候，离火车开行，已不过点把钟，要去取赎了来，交给我带回去，已经来不及了。某甲并非无职业的人，也是要按时办公的，尚且如此，何况没有职业的人呢？我后来看见某甲，规劝他，他怫然道：我娱乐在不办公的时间，有什么要紧？这话骤听似乎很有理由，然而不办公的时间，是安静休息的，或者是征逐取乐的，影响于办公时的精神，怕不在小罢？不记得战前某报，说某县法院中的人员，每逢星期六，就要星驰电掣而至上海，星期日尽情取乐一天，到晚间或者星期一早晨才赶回，以致头昏脑晕，把公务积压得不少么？我在学校中教授多年，总觉得生长在都市中的学生，其思想，较之来自乡僻之区的为浮浅。这不是天之降才尔殊，乃是多年习惯于不用，其心思窒塞了。我总觉得：将来文化的方向改变了，该来一个都市廓清运动。都市廓清运动怎样呢？其第一义，在把现今都市，斫而小之，最大的聚居区域，不得超过若干人，这是第一义。这一点办到，其余一切事情，就都好继此而进行了。这话离现在还远着呢，只是一种遐想罢了。切近些，现在许多教育机关和文化机关的内移，固然是件好事。我却希望，沿江沿海这种浮浅的风气，不要跟着迁移去。去了，希望伟大诚朴的内地，能够矫正他、制裁他。再切近些，希望现在孤岛的人们，使自己的身心安静。

（《青年半月刊》第1卷第2期，1939年10月30日）

新年与青年

“分明昨夜灯犹在，忽被人呼作去年。”（张船山诗。）一样的一个日子，一经定为节日，人心上就觉得有些不同，这是什么原故呢？

诸位总还有读过《论语》的，《论语》上有一句：“颜渊问为邦。”为邦就是治国，孔子在积极方面，答复他四句，第一句是“行夏之时”。所谓行夏之时，就是把旧历的正月定为正月，算作一年的开始。这个在历法上谓之建寅。古代的历法，还有把旧历的十一月算正月的，谓之建子；把十二月算正月的，谓之建丑：都是孔子所不取的。后世遵从孔子的遗教，汉武帝太初元年，定以建寅之月为正月，其时还在西历纪元前一百零四年，下距民国纪元二千零十五年了，把那个月定做正月，究竟有什么关系？孔子要看得如此郑重呢？

人们做事情，总要把他分做若干段落。到一个段落告终，又一个段落开始，就要把旧的事情，结束一番；新的事情，预备一番；其间则休息几天。如此，做起新的事情来，才会有精神，有计划；而当这新旧交界之间，就觉得有一番新气象。这种段落，有的纯出于人为，有的则是自然所规定的；大抵一切事情，都可由人随意制定，只有农业，不能不受季节的支配。中国很早就是个农业国。全国中大多数人，都是以农为业，而政治上，社会上一切事务，也是要随着农业的季节而进行的。在农业上，把旧的事情，一切结束完毕，再将新的事情，略行预备，而于其间休息若干天，这在建丑、建寅两个月之间，最为相宜，所以孔子要主张行夏之时。《礼记》里有一篇《月令》，《吕氏春秋》里有十二篇《十二纪》，《淮南子》里有一篇《时则训》。这三种书，大同小异，其根源就是一个。他的内容是（一）规定某月当行某项政令，（二）又规定某月不可行某项政令，仿佛学校里的校历一般。我们现在将学校里规定一学年中行政事项一张的表，称为校历，则这三种书，可以称为政历；学校里，倘使不照校历行政，当春秋温和之日，放起假来；冬夏寒暑之时，反而开学，岂非很不适宜？那么，一国的行政而凌乱失序，其贻害就更大了（如当农时而筑城郭、宫室；修理堤防，通达沟浍，不在雨季之类。）所以孔子要主张"行夏之时"，而"行夏之时"这一句话，其内容所包括者甚广。然则从前人们，所以每到新年，总觉得有一番欣欣向荣的新气象，并不是什么无意识的举动，贪着新年好玩，因为在做事情的段落上，是需要一个结束，一个预备，和中间若干天的休息，而这段落的定在这时候，是确有其理由的。

孤岛拘囚，转瞬两年了。在这四面氛围，而中间仍保留着现代都市气味的孤岛上，再也看不见旧时的所谓年景。老实说：在工商社会里，年和节，是没有多大意义的。因为人们休息不到几天。而且在工商社会里的人，是真正赤贫的。什么叫做赤贫呢？

赤就是精光的意思，就是一点都没有了。在辞类中，也说是一贫如洗。真正把人们的东西搜括得精光的，不是天灾，也不是人们所看着惊心动魄的人祸。这些，都不能把人们的所有搜括得精光的。真正把人们的所有搜括得精光的，是商业。你如不信，请你留心观察。我们走到远离都市的乡下人家，看得他很苦，可是他家里，总拿得出一些东西来，什么糕啊！饼啊！团子啊！为过年而做的菜啊，甚而至于家酿的酒啊！这是我们在旧式的村镇上，或者小城市里，访问亲戚时，所常常吃到的。在大城市或大都会里，你试去访问一个中等的薪给者之家。他家里有什么东西呢？要是检查比较起来，一定不如一个乡农家里的丰富。这些都到什么地方去了呢？不是天灾把他消灭了，也不是有形的人祸把他抢去的，倒是有着极和蔼的面目的交换，把你所有的都搜括去了。你不见现在的市廛上，五光十色，充满了劣货么？谁觉得他有前线上血飞肉搏的可怕？谁知道他的可怕反甚于血飞肉搏，而人们所以往往要血飞肉搏，正是为着交换上的有利呢？交换的起源，难道是如此的吗？作始也简，将毕也巨，人们做一件事情，往往不察实情，只是照着老样子做，事情的内容，早已改变了，而做法还是一样，到后来，就要控制不住这件事情，而这件事情，反像怒涛一般，把人们卷入其中，莫能自主了。一切制度，都是人为着控制事情而设立的，到后来，人反被制度控制了，就是为此。我曾说：家族制度，交换制度，是现社会的秩序的两根支柱。倘使把这两根支柱拉倒，现社会的面目，就全变了。家族制度，此篇中无暇论列。交换制度，看上文所说，可以略见一斑：

“拨乱世，反之正，莫近于《春秋》。”（《太史公自序》中语。）我劝现代的青年，不可不找一部现代的《春秋》来，仔细研究研究。

还记得我在儿童时代，每遇新年，总是欢天喜地的。穿新衣啊！吃啊！玩啊！在隔年，只恨新年到来得迟；开了年，又恨新年过去得快。丝毫不知道愁苦。在青年时代，也还保存着这种豪兴，那时候，看见家里的大人，遇到年节，不以为乐，反有点厌倦的意思，全然不能了解。到成年之后，家计上身，就渐渐踏上前辈的旧路了。做糕团啊！做过年的菜啊！到亲戚家里去贺年啊！送礼物啊！给小孩子压岁钱啊！给佣人赏钱啊！在在须钱，而且事事费力，总而言之，就是“劳民伤财”四个字。如此几个年过来，自己也不免觉得有些厌倦了。难道过年的初意是这样的吗？我们的老祖宗，都是乡下人。我们现在过年过节的风俗，都还是农村上带来的，农村上的生活，远不如普通城市里的紧张，更无论大都会了。那时候，我们有的是工夫，有的是精力，亲戚朋友，得暇正要去看看他们呢，正盼望着他们来呢。交际酬酢之间，真意多而虚文少，何至以酬应为苦！农家所有的东西，还没给商人搜括净尽。家里有的是材料，娘们有的是工夫和精力，趁这岁晚余闲，做些菜，做些点心，何妨大家乐一乐。在这种风俗，照新说法也可以唤做制度，创始的时候，原是和环境很适合的。到我们迁居城市之中，甚而至于现代的大都会之中，就面目全非了，新环境不能适用于旧制度，正和身体长大了，不能再着小时候的衣服一般。然而人，为什么拘守着旧制度，反做了制度的奴隶，以致自寻烦恼呢？因此想起来，我们的老祖宗，住在农村上，喝没有自来水——那时候，原用不着自来水的。农村倘使靠近大河，临流而汲，原很清洁，如其不然，凿井而饮，因为居人的稀少，井泉来源，也不会污秽的。走没有马路，那时候，原用不着马路的，因为没有摩托卡，也没有马车，独轮小车，旧式的街道，也尽够走了。然则一切事物，我们现在觉得不适宜的，当其起原的时候，都是很适宜的，病只在于我们的守旧而不知变。我们为什么不知道审察环境，以定办法，而凡事只会照着老样子做呢？我们几时才能以理智驾驭事物，而不做事物的奴隶呢？这是一个文化的大转变。其责任，就都在青年身上。

在过年的时节，有的是玩。玩的事是些什么，列举是列举不尽的，我们只能总括的就其性质上说。《孟子》上有一句“博弈好饮酒”。我想这正可以代表玩的分类：

- 玩
  - 争胜负的
    - 博　凭命运的
    - 弈　凭计划的
  - 不争胜负的——饮酒

博弈饮酒，虽然是玩的事，可是做正事的性质，也不外乎此。我们做事，有些事，成败是无从预料的，只是尽人事以待天命，这是博的一类。有些是多少可以人力控制的，多算胜，少算不胜，这是弈的一类。浅而言之，似乎弈远优于博。然而世界上的事，不能以人力控制的居多。即能以人力控制的，其可控制的成分，亦远不如弈。倘使我们做事，件件都要计出万全而后动，那就无一事可做了。然而在能以人力控制的范围中，我们总还要谋定而后动。所以我们做事，该用下棋的手段，又要有赌博的精神。赌博的精神，是被世界上的人看作最坏的精神的。我现在加以提倡，一定要引起人们的误会。然而赌博的精神，本不是坏的。坏的是赌博的事业。赌博的事业，是借此夺取财物的，所以为人们所鄙视。谁使你将可宝贵的、值得歌颂的赌博精神，用之于夺取财物呢？真正的赌博精神，不计一己的成败，毅然决然和强大的势力斗争，这真是可宝贵的，值得歌颂的。把这种精神，用之于夺取财物，正和有当兵本领的人，不当兵而做强盗；有优裕武力的国，不用之于义战，而用之于侵略一样。

现在所过的是新历的年，新历虽然颁行了已经二十八年，人民过新历的年，总还不如过旧历年来得起劲而有兴味。这是无怪其然的。因为中国是个农业国，在农业上，把旧的事情做一个结束，新的事情做一个预备，其时节，在新历的岁尾年头，确不如旧历的岁尾年头为适宜。且如商人，做了一年买卖，总要把账目结束一下，然后可算告一段落。内地大多数的商店，虽然开设在城市，其众多的主顾，实在农村。各小城镇商店的结账，要在农村收获，把谷粜出了以后。各大都会商店的结账，又在各小城镇的商店结账以后。如此，也非到旧历的岁尾年头不可了。所以四民之中，真正不受季节的支配的，只有士和工两种人。然而这两种人，在全国中是少数。（旧式的工人，都兼营农业。）人是社会动物，看了大多数人，都在什么时候结束旧事情，预备新事情，休息若干天，把这个时节算做办事情的一个段落，自会受其影响而不自知的。这也有益而无损。在未行新历之前，学校每于旧历的岁尾年头，放年假。新历颁行以后，觉得名实不符了；在国民政府统一以后，且为法令所干涉，于是改其名曰寒假。有些地方，还有寒假其名，年假其实；有些地方，则真正把寒假和年假分开，旧历的岁尾年头在开学了，然而仍为人情所不乐。即教育家，也有说：“旧时的年假，使乡村人家在城市中读书的孩子，在这时候，回去看看他们的父母亲，练习社交的礼节，知道些社会上的风俗，是有极大的意义的。”历法的改革在于去掉三年一闰的不整齐；在于和世界各国可以从同，便于记忆，省得计算，我也赞成。但是政令上所定的岁首，根本上用不到强迫人民视为办事的一个段落。相传中国古代，建正之法，本有三种：一种是建子，据说是周朝所行。一种是建丑，据说是商朝所行。一种是建寅，据说是夏朝所行。然而《周书》的周月解，有这么几句话：“亦越我周王，至伐于商。改正异械，以垂三统，至于敬授民时，巡狩祭享，犹自夏焉。”通三统，不过是后来的学说。（儒家认为夏商周各有其治法，应循环迭用的，即夏尚忠，继之以殷尚质，再继之以周尚文，而仍返于夏尚忠。所以依儒家之说：一代的王者，当封前两朝的王者之后以大国，使之保存其治法，以备更迭取用，二王之后，仍得行前代的正朔的。）事实上，大约在古代，夏商周三个部族，是各有其历法的。后来三个民族渐次相同化。因为建子、建丑，不如建寅的适宜。于是在国家的典礼上，虽然多带守旧的性质，不能骤变，而在民间的习惯上，则这一点，渐次和夏族同化了。于此，可见国家所定的岁首，能和社会作事的段落相合固好，即使不然，也不要紧。正不必强迫人民，定要把这个时候，作为新旧交替的界限。况且古代，国家的地方小，全国的气候，比较一律。民间作事的段落，其时间，自然也可以划一了。后世疆域广大，各地方的气候不同，作事的段落，就根本不能一致，当此情形之下，自没有强行整齐的必要。所以我的意思：国家所建的正，和人民所过的年节，在古代可合而为一，在后世必须分而为二。这是世事由简单而趋复杂，不得不然的。十年以前，强迫学校每当旧历的年关不许放假；商店在旧历的年关不许停业；人民在旧历的年关不许放爆竹、行祝贺等；根本是不必要的干涉。我在当时曾经说：把年节公然和岁首分开，定在新历的二月一日，就容易推行了。曾把此意叩问过二十多个大学生，没有一个以为然的，而他们也并说不出什么理由来。廖季平先生的见解自然是近于守旧的，晚年的议论且入于荒怪，自不能解决现代问题，然而他有一个议论，说："全地球的历法，应当依气候带而分为好几种，不当用一种。"这种思想，却甚合理。这一议论，说他做什么呢？难道在今日，还有工夫来争年节该定在什么时候么？不是的，我说这一番话，是表示一个人的见解要宏通。一件事，关涉的方面多着呢！内容复杂得很呢！一个人哪里能尽知？所以在平时，要尽力研求；在临事之时，要虚心访问，容纳他人的意见。如此，才可以博闻而寡过。在政令干涉人民用旧历之时，有一个手持历本，在火车站上叫买的小贩，叹息说："现在老法的历本被禁，连贩卖历本的生意也难做了。"旁边一个人问他："你看还是老法历本好？还是新法历本好？"贩卖历本的人说："自然是老法历本好。"旁边一个少年，怒目而视道："为什么老法历本好？你怎会知道？"眼光盯牢这贩卖的人久久。这个少年的意思，是真诚的，然其愚可悯了。他竟认为禁绝旧历，推行新历，对于国家社会，真有很大的关系。一个人怀挟着这种意见，固然不要紧。然而社会上这种浅虑的人多了，就要生出许多无谓的纷扰来，无谓的纷扰多，该集中精力办的事，反因之而松懈了，所以凡事不可不虚心，不可太任气。偶因新年，回忆所及，述之以为今日之青年告。

（原载于《青年半月刊》第1卷第6期，1940年1月1日）

《窖藏与古物》（节选）

予之外家，为武进程氏。外曾王父知陕西省某县，以廉洁名。与中朝某大臣有隙。一夕，梦白虎坐厅事。旦起，则闻此人已入军机矣。惧罹祸，即告病归，时年仅三十余。居常州城内早科坊。旋卒。有丈夫子四人。外曾王母抚之，甚贫苦，一日，天雨，墙坏，躬身葺治，于墙根下得黄金一巨器，外曾王母祝曰：非分之财，非所敢取。天而哀念廉吏，使其四子皆克有成，则所愿也。复掩之。外王父讳兆缙，字柚谷，次居三。昆弟俱以文名，而外王父与伯兄绂衡尤著。太平军入常州，伯举室殉难。以仲之子兼祧，讳运皋，字少农。亦以文名，书法尤秀骨天成，独绝侪辈，客湖北藩司幕中数十年，晚官云南宁州知州。民国初返里，十七年卒。舅亦工医，宦游所至，治验颇多。晚犹读医书不释手。外王父无子，有二女，次即吾母。外王父八岁，即能日课一诗。十三入邑庠，后中式咸丰某科顺天乡试，客京师。闻江南大营溃，南归，至兰山，道阻弗得行，助县令某御捻，战没于汤家池。外王父经学湛深，于三礼尤精熟。尝以说郊禘义为某山长所赏，由是知名。亦工医，又多艺事，时用钟表者尚不多，能修理者亦少，外王父拆阅数具，即能装置修治，不假师授也。先母讳棂，字仲芬，号静岩，小时避难山东，转徙兵间，仅读《论语》二十篇，又读《孟子》，至齐桓晋文事章即辍学，然其后于经史古籍，无不能读。亦能为诗文。天资之高，并世所罕见也。外王父季弟早卒。有一子，讳运达，字均甫。兼祧外王父，性孤介绝俗，诗文皆法魏晋，书法北魏，又善画。亦知医，光绪庚寅辛卯间，佐旅顺戎幕，其地无良医，活人尤多。以不善治生，终生贫窭，常客游四方以自给。岁癸卯，卒于江西之南安。予家旧藏有外王父乡试朱卷及先舅氏所为墓铭一篇，今皆在游击区中，存亡不可知矣。惟先舅氏《南浦词》一首，予犹能诵之。词曰："万树玉玲珑，拥痴云如墨，沉沉旋绕。暖阁几围炉？十年事，落叶西风都杳。寒光万里，画楼深处人初悄。白战应嫌天地窄，谁取灞桥诗料？那堪冻雀群飞？任研珠屑玉，暗迷昏晓。敲碎满天，愁堆三径，一霎难融残照。冷凝风帽，举头岁月催人老。临镜试窥窗外影，赢得鬓丝多少？"乃丁酉岁客广信时雪中作也。

早科坊在常州城西南隅。今其坊巷犹在。外家旧居，今日虽难确指，然数十年前，则吾外家之人，及其亲戚故旧，皆能历历指之也。即谓所指不甚确，而宅非宽广，尽疑似之地而掘之，亦非甚难。外曾王母手葺坏墙而能得之，入土必不甚深。数十年间，变迁有限。外曾王母所见者，确为黄金盈器，器且颇巨，传者咸云如是，必非虚诬。苟欲掘之，什九可得，所费且不甚巨，此中智可以亿决者也。然曾未闻有一人唱议发掘者。言及此，不过追忆先德，或以为谈助耳。固知好财非人之本性。抑好财而至于珠玉金银，其去本性尤远也。珠玉金银，饥不可食，寒不可衣，人人知之，岂有举世所好，乃在饥不可食，寒不可衣之物哉？今所以众共好之者，乃以其持之可与凡物相易。非好其物，好其有泉币之用耳。珠玉金银，所以成为泉币者，《管子》曰：“先王为其途之远，至之难，故托用于其重。”盖古有凶凶札丧之际，虽或有庚财乞粜之举，然究非可专恃，或不得不以所有易所无；而是时之求所无者，非于异邦之凡民，而于其君与大夫，如管子谓丁氏藏粟，足食三军之师，而劝桓公以璧假焉是也。珠玉金银，流行于贵族驵贾之间，久之遂成为习俗。若平民，则握粟出卜，抱布贸丝，且不用铜为泉币，而况珠玉金银乎？铜所以为贵人所好者，以其可以作兵，此犹今日日人之搜括钢铁耳。其爱珠玉金银，则用为器饰，犹今人之好金珠钻石也。此惟淫侈之人为然，淫侈岂得谓之本性？况虽淫侈之人，亦有不尽好此者乎？珠玉金银，所以遂为举世所通用者，则以交易盛行，不可无值巨质微之物，以资轻赍而便收藏。使纸币早兴，人亦将舍珠玉金银，而宝桑皮故纸矣。积重难返，故金银在今日，犹具泉币之用，然亦其惰力耳。浸假人皆悟其无用，而交易者莫或肯受，则人亦将弃而弗之宝也，而岂有肯求之山渊，埋之地下，又靡日力以发掘之者哉？

好利虽非人之本性，然习焉即若性成。举世好利，其所以相熏染者，亦至深矣。掘地而得窖金，其利岂凡胼手胝足，持筹握算者所可比？而从事于此者卒少，何也？利之本为力，赢绌以所费之力之多少为衡，此愚夫愚妇之所与知也。惟然，故利莫大于可必，奖券之利，奚翅窖金？然犹或滞销。一职业出，所得或不给口实，人犹争趋之，何也？一可必，一不可必也。窖金之事，流闻于世者甚多，其语亦非尽伪，而发掘之者卒寡，以此也。惟好厚葬者，既多其瘗藏，而又大为丘陇，以明示其处，是不啻告人以发掘之必可以有所得也，故人争驱焉，而其愚不可及矣。

二十三年十二月初，上海某报，载十一月十三日天津专电，云：大名西南四十五里张大堡，富户赵连科，有楼房一所，高四丈，窖藏甚富，为防窃取，埋有炸弹，日前长工取物不慎触发，楼房全毁，楼上妇女，死者六人。所藏之物，飞散满地，乡民争往拾取。藏物于无用之地，埋凶器以贼人，而卒以自贼，哀哉！捐金沉珠之风，何时见乎？

因论窖藏，予又不禁有感于古物。近数十年来，中国古物，流于国外者多矣，国人莫不深以为恨。即外人，亦讥笑吾曹为败家子矣。而此次战事既兴，为日人捆载而去者，尤不可以计数。孟子曰："所谓故国者，非谓有乔木之谓也，有世臣之谓也。"今举世视此等物为故国之表征，安得不为之深惜？然以予观之，则亦无足深惜也。齐景公问政与孔子，孔子曰：君君，臣臣，父父，子子。公曰：善哉！信如君不君，臣不臣，父不父，子不子，虽有粟，吾得而食诸？有粟不得食，有物独可终保邪？国与家，大小异耳，收藏之家，当其得之之时，孰不欣然色喜？然阅百年而不散失有几何？记曰："言悖而出者，亦悖而入；财悖而入者，亦悖而出。"孟子曰："由今之道，无变今之俗，虽与之天下，不能一朝居也。"今之争宝古物者，可谓知所宝乎？而不闻举世知名之西奈《圣经》写本，俄人乃以之易英国之机器乎？（事在二十二年十二月？）中国今日，所缺者莫如机器，尤莫如农业用之机器。俄国农业之焕然改观也，由于集合农场。集合农场何时始哉？当民国十七年时，其国营农场经理马克维次（Markevich），有余机犁百架，集近地农民而告之曰：君等土地，苟肯共耕，吾当以此机器赁君等。农民之愿公其地者，合之得九千余亩。至秋，增至二万四千余亩。事为共产党所闻，增制机犁，并建使用机犁之动力场，推其法于全国，而集合农场于是始焉。夫事莫善于公，而万恶皆起于自私。人苟不能不食；而其食之所自出，又不能无籍于农；则人民必以业农者为多，农民之好公好私，实风俗人心升降之原，而亦即治乱之本也。世皆言农人最自私，最顽固，其实农人曷尝自私、顽固，乃其所业使之然耳。农业之使人自私，则土地寸寸割裂，而佃者限于一夫一妇之为之也。故欲拯救一世之人心，必自变土地之私有为公有始。而欲变土地之私有为公有，则必自变私耕为公耕始。中国之民，固十之八为农人，果有以机犁易我古物者，我当法俄人之所以处西奈《圣经》者乎？抑终閟而不出也？且即閟而不出，亦庸可终保乎？今者古物之散失，论者辄谓以其物在私家故，然即在公家，亦庸可终保乎？他且勿论，所谓故宫博物院者，盖三年之中，而再以失物闻矣。第一次事在二十三年，事由院长易培基及秘书李宗侗之监守自盗，据是年十月十三日江宁地方法院起诉书及十二月中中央古物保管会之呈报，其所失者：为真珠千三百十九粒，以伪易真者九千六百有六粒，宝石五百六十二颗，以伪易真者三千二百五十一颗。又就原件内拆去珠宝者千四百九十六处，此外真珠、流苏及翠花嵌珠宝手镯等整件盗去者，为数甚巨。二十五年之失窃，事以是年夏间外闻，据六月十九日中央社电，所失者，为大小白玉如意十二柄，青玉如意二柄，珊瑚如意一柄，铜如意头一个，铜香炉、铜香铲各一，法郎表十七个，折扇三十五柄，中有沈焕、那彦宝等书画，赵子昂画马一轴，其事则守护队赵伯岩、王旭所为，而收买赃物者，为张永泉、傅成祥、王学谟、祁长硕四人。见北平地方法院起诉书，赵伯岩被捕，自戕受伤，旋即身死。王旭、张永泉定罪。傅成祥、王学谟、祁长硕以自行交出赃物，缓刑。易培基、李宗侗，则始终未能弋获也。公家之力，果足持乎？或谓此乃吾国纲纪废弛使然。然纲纪者，人之所为也。人之所为，则所谓有为之法也。一切有为法，如梦、幻、泡、影，如露亦如电，而何国之纲纪可终保哉？岂不闻以医学名于世，足以媲美德意志者，而挽近，其医学文凭，乃或出于贿买乎？同处一群之中，利害正相反对，而欲以一造之力，维持其所谓纲纪者，使之永不溃败，何异以只手障狂澜哉？合观二次所失之物，除第一次有帝后衣冠（折去珠宝者）足资考证；第二次所失书画，可称美术外；余本皆淫侈之物，留之何为？且即美术，亦岂真足宝乎？伪造书画、骨董，举世恃以衣食者，盖不知其若干人。故宫所藏，宁必可信？即谓可信，而有史以来，少数人淫侈而丧心，多数人求活且不给，能有余暇以从事于文学美术者，盖少数中之少数耳。其所成就，自今日视之，诚若可贵，他日者，太平大同之盛，果获成功，合一世之人，而从事于此，其所成就，必有非今日所能想象者。今之所有，在其时视之，只堪覆瓿，无足疑也，而焉用固守之以窒社会之生机乎？

（原载于《宇宙风（乙刊）》第23期，1940年3月）

两年诗话

我于民国二十六年十月十三日，避地下江。三十一年八月一日，回返我的故乡下邑。到今年七月三十一日，恰足两周年。有友朋写信问我这两年来的生活状况。我的生活状况，其何足述？但当此世变纷纭，而各地方的情形，又各有不同之际，正不妨就所记忆的，写出一些来，聊供读者诸君茶余酒后的谈助。

我自到下江之后，不但足迹未出从前所谓华圃，亦且未过越柏河一步。到这年——三十一年——八月初一日，才同我的女孩，乘车过越柏河。在河南，还见着颓垣败壁，到火车开出后，就两旁禾黍油油，和二十六年以前所见，无甚异同了。我想：这是我所见的如此，别的地方，该未必尽然罢了？“遗民定已种桑麻，败将如闻保城郭”，诵易安居士的诗，真要不胜感慨了。

我的家庭，本极简单，只我和我的妻，我的女孩三个人。当乱离之际，各自提着一只破败不堪的箱子，内中盛着些单夹衣服，同到下江。一住便住了五年。这五年中的生活，自然非常苦楚。那么，为什么久留不去呢？这也有个缘故。我的朋友武隐文说得好：“到处都见得鹊巢鸠占的现象，只有在下江，还看不见这些。虽然‘四海皆秋气，一室难为春’，当四面风波震撼之际，据守着一个孤岛而自以为安，原不免于自骗自，但毕竟眼不见为净。”但是到我离开下江之前半年有余，下江的情形，也大变了。“撑住东南金粉气，依旧舞衫歌扇，空赢得猿啼鹤怨”，金迷纸醉之场，一变而为荆天棘地，还何足留恋呢？于是我的妻，我的女孩说：“既然万方一概，又何不暂回我们的故乡，再作道理？究尚略有田园可守呢。”议既定了，她俩先回下邑。我在下邑，本有住宅两所，南北连接。战前自居北宅，将南宅租赁与人。战时，北宅几于全遭炸毁，南宅却仅略有损伤，修理之后，依然完好。租赁期限早满，这时正好收回自住。无如在战时，下邑房屋毁坏的，超过百分之六十。这时候，房客坚不肯出屋，自己反去向人租赁房屋：一者不易得。二者即使得之，亦恐湫隘异常，我的生活程度，一时压缩不到这样低。三者如得可住的房屋，亦恐不能久居；而租赁的条件，又恐月异而岁不同，使你不能久居。于是我的妻和我的女孩商量：收拾烬余的砖瓦。木料呢？我有一个同居的堂房兄弟，早把他卖给一个木匠了，我们此时，反出高价，买回其一部分。即在北宅废基之上，搭盖小屋两间和灶屋一间，约共费去国币五千元。我的妻，带着我的女孩，住在她的母家，于炎天烈日之下，奔走往来督工。这其间一切事情，又大得我的舅嫂的帮助。到七月中旬，工程粗毕，我的女孩乃从下邑再到下江，帮同我收拾五年中在下江之所有，于八月一日，回向下邑。

当我还在下江之时，我的女孩从下邑写信给我，说：“故乡的风俗人情，比下江要好些。大家都以为在一个异常的时期，不以为就此可以苟安。”她又说：“这也有个原故。且如我们所住的五女巷，在南段，本是一个绅士的住宅区。在战前，是没有一家不有两三个佣人的，却到现在，情况大不相同了。只我家南宅的房客，还有一个走散工——每日仅按一定时间，来作一定事务——的女佣，其余都是自己操作。环境是最深刻的教育，生活是最亲切的环境，这怕是使异常时期的人，长不忘其所处的为异常时期的原因罢？”我看了这封信，颇引起了思归之念。因为我在下江五年，对于下江的风俗人情，已经厌倦极了。到上了火车之后，我又觉得乘客的情形，和五年前颇不相同。大家都很沉默，似乎有些陶唐氏的遗民，忧深思远的样子。这沉默，就是坚决、镇静的表示了。我又觉得其颇能互助。即如我，年老力衰，随身所带的行李，举不起来，就有人助我举起。当时乘客已满，我和我的女孩，虽然各觅得一个座位，却是相去很远。我女孩对面的乘客，便起而和我互换，他因此距离他的行李颇远，也在所不惜。我在当时，觉得很为感动。后来在日记中说：“中路婴儿失其母，则鸽原急难之情生。”这是使我初上归途时，感极欲涕的一端了。

车到下邑车站，所见自然都大异于昔时。我同居的堂房兄弟的媳妇，和我妻的侄儿，都在车站相接。下车后，便直走我的妻家。我的舅嫂，为我设肴馔甚丰。我一时感激，也说不出什么话来，只说得一句：“从我下邑的寓处到你们这里，真如从荒歉的地方，走入丰收的境界了。”虽然，独食又何能下咽呢？这一天，虽然“有酒旨且多”，我也本能略饮几杯，终未能开怀畅饮者以此。这一夜，我便宿在我的妻家。

到明天——八月初二日，和我的妻，我的女孩，同到新造的小屋中看视，见其已略堪居住，乃遂留宿焉。卧室之外，本已成为瓦砾之场，我的妻和我的女孩，雇人把瓦砾挑去，又雇人种了些菜蔬，成为圃地了。我有一个朋友，唤作殷威颂，在战前，曾带着他的儿子来访问我。那时正值暮春，我曾在院子中花架下，留他吃过一顿晚饭。这院子，已和厅堂同变成菜圃了。威颂的儿子，业已成为鬼雄，威颂则不知流落何所。巡行旧地，真乃不胜感慨。我因此，口占了五律七绝各一首：

卌年华屋处，藨落依茅庐。犹是伤离乱，遑云赋遂初？衰时思学圃，非种欲先锄。荷耒心方壮，秋风病合苏。

同启琼筵醉羽觞，当年曾是并华堂。羹葵饭叶知谁饷？欲向城南吊国殇。

我从此以后，就定居在这两间小屋中了。从进城之后，我就没再到过车站，别说乘车到别的地方去了。如闻现在火车站上的情形，和我两年前乘车时大不相同，我以为这只是浮面上的情形罢？

安居才一日，我的堂房姊姊死了。这堂房姊姊，就是上文所说的堂房兄弟的胞姊。我这位堂房兄弟，是幼而无父，由我的父亲抚养成立的。他还有好几位同胞姊妹，都和我们同居。只有这位姊姊，年纪最大，出嫁最早，所以未曾同居过。虽然如此，往来也很亲密。从我到下江之后，和她已有五年不相见了。这一年，她听得我有回乡的消息，非常喜欢，急欲和我相见。可是这几年，她心脏有些毛病，不宜于行动。我回乡之后，她家里的人，未敢即日告诉她。我也因三日之中，事务繁冗，未能即去省视。谁知道初三晚上，她就得了病，到初四日的时辰，天尚未明，就与世长辞了，竟没有再见一面的机会！后来想起来，不见面倒也罢了，相见之后，也免不得一番悲怆，于她也无甚益处罢？她的棺木，是战后预先制就的，计值国币四千元，却至多抵得战前国币二百元的货色。衣衾临时添置了些，并非全新。单以料论，即费去当时通行的钞票一千元，工还在外。物价较战前，至少增加了二十倍。

此后几天，我便上街去看看亲友。亲友是稀少了——也有死亡的，也有流离在外的——街道都已改观，有些连街名也改变了。虽然直到现在，在最大多数人的口里，还没有改变，在路牌上的名称，这时候却已早经改过。街旁的房屋，大半毁坏。有些新造的，多半只有一个门面。走进去看，后面便是瓦砾之场了。这直到现在，还是如此。主人也多改变了，很多鹊巢鸠占的。且如吾乡，有一处著名的市场，名为义正渡。在这义正渡口，有一家著名的茶馆，名为秋圃，卖包子最有名。我垂髫时候，我的父亲，请我的先生吃包子，挈带着我同去。那时候的包子，是每个小平钱四文。我父亲只带五百个大钱去，三个人吃饱回来，还剩二百数十文。这一家茶馆，房屋虽然简陋，可是因为生意兴隆，房租的收入，也着实可观。到我回乡之前一年，房主人坐在茶馆里，偶然发了几句牢骚说：“这个年头，生活艰难，我这所屋子，也只好卖掉了。”在他不过是随口的牢骚话。谁知道回家不久，就有人去找他，说：“听得你秋圃茶园的屋子要卖？”他说：“这是我随口的话。”来的人说：“话那有随口说的？”便出了一笔低价，把他秋圃的屋子，强迫买去了。这便是鹊巢鸠占的一例。这还是假的，还有真正的鹊巢鸠占。“莫过乌衣巷，是别姓人家新画梁”，真使人凄然欲泣了。所见的人物，风度也都和以前不同。我亲见一个上等人，赤着脚，着了犊鼻裈，出来泡开水。可是这种人实在是安分的，他初无害于人，豪横的就无从说起了。我回里的第一天，我的堂房兄弟，便嘱咐我：“上街走路，须要小心，不可同人家碰撞。碰撞了了不起的人，是可以惹出大祸的。”我自然只得循墙而走了。我这次回乡，本打算隐姓埋名，混在如海的万人中，使人家不再注意到我。谁知道一到故乡，黄包车夫认得我，理发匠认得我，我又何从说起呢？在乱后的故乡，买什么东西，都不容易。初一日到家，就向送报的人定报，直到初十日才送来，知道小沼的四周，已都在举办清乡了。这几天中，所见所闻，有诗为证：

短裤赤足漫提壶，察察应讥楚大夫。差胜车辕垂足坐，当筵使酒气豪粗。

见猎心犹喜，从鲭意未平。野人不争席，何处托吾生。

稍觉朱颜改，相逢白眼多。观书今懒甚，纵酒奈愁何？节物惊萧艾，生涯翳薜萝。五湖妖雾遍，未许觅渔蓑。

观书无从说起了。我在战前，原有书一百三十六箱。其中大箱极多，一箱可抵得人家两三箱。战后存在的，共有五十七箱，但非完整保存，都是给人家打开了箱子，将书抛散在地，事后经一个不甚识字的人，替我拾起来，胡乱装在业经破坏的箱子里的。自己的房屋毁坏了，分作两批，一批寄在我的妻家，一批寄在我的族侄屋里。回乡之后，因所居距离妻家，路途较远；自己又只有两间屋子；寄存的书籍，依然未能取回。寄存在族侄家的，则因他的住宅，即在我北宅之北，两家互相毗连，乃拣书箱破坏得利害的，先行取回几箱，一经发现，零乱，破碎，几于不成样子。要想整理，简直无从下手。我当时想：连这些都毁灭掉，倒也痛快。我又赋诗一首：

读书益耶损？此事殊难计。少年寡思虑，谓书益神智。信哉六籍中，所言有伦纪。其如世异变，陈数非其义？庸夫墨守之，名实乃眩异。纷然丧所守，举武辄偾踬。生心害于政，必或承其敝。信哉自扰之，天下本无事。安得祖龙焚，荡然返古始？万蔽一时除，勿复宝糠秕。失马庸非福，塞翁达玄旨。

我这首诗，并不全是牢骚。我觉得读书的为利为害，确是很难说的，而尤其是社会科学。假使在尧、舜的时代发明了火车，不会到现在，照他的法子忽然开不动，在周公的时代而发明了电灯，不会到现在，照他的法子忽然点不亮。至多是浅陋陈旧些罢了。那么，读古人自然科学的书，决不至于全上当。社会科学，就很难说了。且如现在，经商成为学问，货币也成为经济上的大问题。今人大都笑古人愚昧，不知道商业的重要，而要讲什么贱商、抑商；又不知道货币之不可无，而欲废之而代以谷帛。好像现在所谓经济学理，恒存于天壤，只是古人没有发明。试想没有交换之世，安得有商业？无商业，安得有货币？当这时代，现在所谓商业的学理，货币的学理，都存在何处呢？然则古人所说的话，安能适合于今日？然而人，不读书则已，既读书，别说墨守，即极得鱼忘筌的人，也不免先入为主。一件事情横在面前，明明有问题的，也以为前人业经发明，更无问题；即使用心去想，其所得的结果，也不易越出前人的范围；而且世界上有许多该注意的现象，只因前人未曾提及，也就不知道其该注意了。天下有许多事情，往往出乎人们意料之外，使人们手足失措，就是为此。我尝说：世界所以有大事，正和我们的屋子，住了一年要大扫除一次一样。灰尘、垃圾，都是平时堆积下来的。堆积了一年，扫除自然费力了。谁能使它不堆积起来呢？天天扫除，使其绝不堆积，或者也并非办法，谁能按着堆积的情形，决定扫除的次数，并把他排列在适当的日期，使扫除也成为生活的节奏呢？屋子住了一年要扫除，是没人反对的，而且大多数人认为必要。社会上堆积着千万年的灰尘、垃圾，却赞成扫除的人少，反对扫除的人多，甚而至于把灰尘、垃圾，视为宝物，死命的加以保存。世界之所以多事，岂不以此？以上一番话，读者诸君，若肯平心细想，读书的为利为害，岂不真成为问题吗？

理书真是无从理起。然而枯坐无聊之时，总得拉两本来，姑作消遣。所拉的，自然要求其不残缺、不破损。在这条件之下，所拉到的，乃是一八八〇年，即前清光绪六年慕维廉所撰的《大英国志》，经人翻译出来的。还是木刻大字本。这部书的年龄，比我还大。我倒把它读了一遍，真堪一笑。

这几天之内，有个朋友，请我到茶馆里去吃点心。下邑有名的点心，除前述的包子外，尚有一种光饼（麻糕）。光饼又分大小两种：大的有甜、咸馅心，小的则没有，可是亦极松香可口。据我所记忆：大光饼最初是六文一个，小光饼两文。大光饼的价格，可以自由涨落，小光饼却不能。故老相传，说“曾遇凶年，有些饥民，专恃此以活命。所以曾经官府禁约，非经禀准，不许擅自增价”。所以下邑的小光饼，从前有个别名，唤作“老荒”。禁约虽不知在何年；后来的官府，或亦不知此事；然在未有铜圆之前，小光饼的价格，确实始终维持不变。到铜圆通行以后，大光饼才增为每个十文，小光饼也从十文四个，十文三个，五文一个，逐渐涨价。到战前，大光饼涨至每个法币四分或五分，小光饼则二分三个。到这位朋友请我吃点心的时候，则大光饼每个一元，小光饼每个四角了。归途买笔，从前一角二分的，此时增至两元。到我写这篇文字的时候，则增至五十六元了。

当我还没有回乡的时候，就有乡间的学校，邀请我和我的女孩去教书。我们因为乡间的学校，宗旨尚属纯正，就应允了。我兼两处之课：一处地名泊堤镇，一处名小虔庙。我女孩所在的地方，名为马堤镇。半年之后，我的女孩，也从马堤镇转到泊堤镇了。又半年，我俩把泊堤镇的事情辞掉了。我在小虔庙，又勾留了半年。我女孩则到一处地方，名为履尾，教了一年书，今后又想转往走马村。我则离开小虔庙以后，就姑婆家食了。我们在各处，都就住宿在学校里。只有在泊堤镇时，父女俩同僦居于韦姓的小楼上。房主人的父母，在战时均已年过七十。随众走至湖南。他母亲闭关而归，父亲则走至贵阳，到达后没半个月就死了。房主人至今不敢告知他的母亲，亦不敢戴孝。他的母亲，好在是不识字的，所以并不以他的父亲没有信来而生疑，至今还眼巴巴望着她的丈夫，从万里外归来呢！我又感赋五律一章：

干戈满天地，垂老惜分飞。肠断犹萦梦，眼穿终不归。
椎心营野祭，忍泪着莱衣。多少虫沙化，何心为尔悲？

到乡间不久，我同居的堂弟，因外科中毒，猝然辞世了。

这是三十一年十月初六的事。这时候，我在泊堤镇，我的女孩在马堤镇，两处相距不远，家人派急足报告我，我便到马堤镇告诉她。可是两人均无证件，不得入城。在马堤镇设法不成，又同到泊堤镇，费尽九牛二虎之力，才得被人带挈入城，替他把后事办了。此时市上，起码可用的棺木一具，价自四千元至六千元。幸有亲戚娄君，认得一个七十一岁的木业中人，他现在虽不营业，而某木肆主人，还是他的徒弟。仰仗他的大力，才得以二千五百元成交。入殓之日，不及多知会亲友。少数的至亲密友，所吃的饭菜，是几家亲戚的妇女们，替我们上街买，动手做的。可是饮食和一切杂费，也用至四千元。然而如今又非昔比了。在我写这一篇文字以前约一星期，我这堂房兄弟的内侄死了，棺木价格是五万元，亦和我堂房兄弟所用的棺木，无甚上下。

其余一切物价，继长增高，亦大致如此。可知在今日，生存和死亡，同一不易了。去年夏间，我妻在病中买食大光饼，价格是每个十二元。至十月十三日，因证明文件要更改，我和我的妻，同到照相馆里照相，归途顺便在茶馆里吃些包子、光饼。那时候，包子是每个四元；大光饼每个二十四元；茶两人一壶，每壶五元。现在，大光饼增至四十元至五十元；小光饼自六元至十元；包子每个十元；茶每壶十六元，连小账二十元。若到饭店吃猪肉一碗，我回乡之岁，系廿四元，后增至三十六元；去年夏间一百五十二元；现在是三百五十二元了。我的女孩，有一个女友，流落在异乡。多人传说：“她那地方的物价，已经涨起四十五倍了。”我和我的妻，在上茶馆的归途中，不胜惦念着她，“她一个女孩子，流落在物价那么贵的地方，怎样过活呢？”谁知不久得到她的来信：她在那里吃包饭，每月仅四百五十元，每餐有两荤、两素、一汤。一个月之中，有三天加膳，她那里的俗名，称为“牙祭”，荤素菜都加倍。并说在她那里的人，到星期日，夫妇两个，可以换着新衣，上馆子去吃一顿。较诸我们两口子，仅能偶然上街，吃几个光饼、包子的，幸福得多了。人言之不可信，于此可见一斑。

南宅的房客，虽然百端狡赖，到三十二年底，终于出屋了。我将其大部分分租与人，自己也留着一小部分。我在两间屋子之外，才多了五间屋子。这一所屋子，我小时候本来住居在内的。后来随宦江南，再归故乡，此屋因离乡时租赁与人，就始终住在北宅。今年正月十八日，我再归南宅，屈指离开这屋子，已经五十年有余了。感赋两绝：

五十余年始复归，乡关零落怅何依？云飞伫看金风起，扶杖犹思驻夕晖。

乘风破浪成虚语，合笑当年志事衰。差喜青灯黄卷在，尚应有味似儿时。

我本是除读几句书之外，一无所能的。我的妻也衰老了，而且年来多病。这两年来，家计的支持，田园的整理，倒靠着我的女孩，奔走擘画。而我的女孩，也已届三十之年了。我在她的生日，又做了五律两首：

汝大知吾老，家贫长苦饥。心应随鹄举，迹笑似牺縻。播越渐江海，称名愧斗箕。榛苓今在望，畏约岂无涯？

井里全墟日，衰迟欲逮年。经营吾愧拙，枝柱汝维贤。寄意丹青外，娱情沼沚边。丰颜宜善惜，休遗换华颠。

“洛阳亲友如相问，一片冰心在玉壶”，我两年来的生活状况，大略都在这几首诗中了。“此身合是诗人未？”

（原载于《文艺春秋丛刊》之一《两年》，上海永祥印书馆1944年10月版）

义州游记

十月初八日，为旧历八月二十七孔子生日假期，初九、初十、十一三日，为国庆假期，程君伯商、郭君西农相约同游义州，一观朝鲜风俗，并历五龙背、安东、新义州三处，所至并无详细考查，不过游览而已。姑志所见闻，以供同人阅览。

初八日，晴。晨八时半，登安奉车，五十分车开。安奉路者，清光绪三十、三十一年（公元一九〇四、一九〇五年。）日俄战时，日人所筑轻便铁道，三十一年十一月二十六日，（日本明治三十八年十二月二十二日。）在北京订善后条约，许其改筑广轨，嗣因购地事，彼此多有争执，日人乃自由行动兴工，我国不能禁也。工始于宣统元年六月二十二日，（日本明治四十二年八月七日。）三年十月十一日（日本明治四十四年十一月一日。）行开车礼，全路有隧道二十四，桥梁二百余，隧道最长者在福金岭，在本溪东南八里，凡四千六百五十一尺。桥之最长者，跨太子河，千六百九十四尺，全路之长，凡四百七十二里。东边一道，除沿海一二小口岸，以及鸭绿江下流与朝鲜贸易处外，交通率皆梗塞，自此路成，而形势乃一变矣。

自沈阳东南行百三十里至本溪，本溪旧名窑街，以地有陶器得名，雍正前即有此名，今奉省所用水缸等仍出于此，产石灰亦甚多。煤矿不知始于何时，乾隆间开采颇盛，日俄战后，乃设中日合办煤矿公司。宣统三年，日人又于其东五十余里觅得铁矿，乃改称煤铁公司焉。自车中望之，屋舍鳞次，烟囱林立，颇觉繁盛也。又二十六里而至桥头，自桥头至连山关，约六十里，路线与细河并行，两面皆山，丹枫被之，间以苍松，景色极佳。

连山关，距沈阳百五十一里，清时，于辽阳以东置驿八，连山关其一也。八驿者，曰大安平，曰浪子山，曰甜水站，曰连山关，曰通远堡，曰雪里站，曰凤凰城，曰汤山城。凤凰城在连山关东南六十四里，以山名。山在城东南二里，上有废墟，朝鲜史家谓为高句丽永乐大王百八城之一云。又东南至高丽门，为清时六边门（威远、英额、旺清、碱厂、叆阳、高丽。）之一。清未入关时，东境以边墙为限，其外则弃为瓯脱焉，边墙遗迹，今犹有可见者，凤城、安东以之分界。四时抵五龙背，五龙背距安东四十二里，地有温泉，中日之战，日军寻得之。日俄战时，日人设所于此，以疗养创病之兵。战后，日人庵谷氏，于此设浴场，并起旅馆，曰五龙阁。今乘安奉车至五龙背，凡买来回票者，价皆七折，盖以招徕游客也。是夜，即宿五龙阁中，脱履而入，席地而坐，侍女跽而进食，如见三古之风矣。

初九日，晴。晨起，附车至安东，安东之成市镇，盖数十年来事耳。咸丰以前，辽东沿海贸易，在大东沟与大孤山，与朝鲜贸易，则在九连城，安东殆无居人。同治中，登、莱之民，始有来此耕渔者，辽东之民，亦渐至焉，始成村落。二曰沙河子沙河镇，光绪二年，于此设县治焉。大东沟、大孤山、九连城之商业，皆渐移于此，今则出入货价，约值三千万元矣。出口以大豆、高粱、玉蜀黍、山蚕、材木为大宗，入口以绵布、麦粉、茶、糖、煤油、火柴为大宗。有日租界，又有属于铁路公司之地，布置皆极整齐，中国街市，不能逮也。

自车站出，乘人力车过鸭绿江，桥长二千九百五十余尺，（三千有九十八英尺。）工事二年乃成云。在桥上口占一诗："衣带盈盈鸭绿江，当年曾此赌兴亡。中原龙战玄黄血，海外夫余更可王。"渡江，为新义州界，抵领事馆，晤主事刘君康甫（名本钊，蓬莱人。）刘君言此间华侨二千，苦力居半，营商业者亦无大资本，有本钱现洋数百元者，即为雄厚矣。有一商会，以无大商，故魄力亦不厚。商会设一小学，学生仅三十，学龄儿童，固不止此，劝侨民子弟悉入学，事固甚难，学校既无经费，又无地，教员仅一人，欲图扩充，亦无从措手也。日人程度亦不高，以致遇有交涉，颇为费力云。朝鲜人苦税重，又不能无亡国之感，时有反抗之举。刘君言此间日本旅馆，价贵而不佳，不如回安东住中国旅馆，予等一茶后，乃兴辞而出。新义州街市甚寂寥，然布置规划，亦极整齐。华人聚居处，谓之中国街，入之，则湫隘嚣尘，不洁之状，匪笔能罄，真可愧也。闻小学即在商会后，然寻商会不得，想因路途不熟之故。游览略遍，腹中甚饥，乃仍乘人力车归安东，半日之间，出国入国已。凡朝鲜人过界，皆须持验护照，中国人入朝鲜不然。盖日人入中国境，亦通行无阻也。

朝鲜人皆白禅衣白帽，盖古深衣冠布之制也。案《郊特牲》，太古冠布，斋则缁之。《正义》：其冠惟用白布，常所冠也。若其斋戒，则染之为缁。《方言》：以布而无缘，敝而紩之，谓之褴褛。《说文》亦训褴为无缘。盖古深衣皆有缘，其无缘者谓之褴褛，乃为俭也。周时冠皆缁布，白布之冠，惟冠礼之始用之，示不忘本。衣尤无无缘者，故士会言楚若敖蚡冒，筚路蓝缕，以启山林，以为俭也。案朝鲜礼俗，皆受之殷，见于《三国志》《后汉书》《南史》《北史》者，不可遍举。此白禅衣白布帽，亦必受之自古矣。感赋一诗："亥子明夷事可思，深衣白帽见殷遗。何当一舸丸都去，更访当年永乐碑。"抵安东，止于鸭江春逆旅，伯商亦赋新诗一首，云："鸭绿江，鸭绿江，你是分开自由与不自由的江。在你一边的自由，已经被驱逐了，强权当道，压力横施，凄惨情形，不堪言状。在那一边的自由，还算将亡未亡。鸭绿江，你何不卷起很大的风浪，把那强权，一齐扫荡。"饭后，出游市街，繁盛状况，不下沈阳也。途遇江君式古，江君名廷训，本校理化专修科毕业生，今兼任甲、乙种商业学校教员，方送友人如车站，约傍晚来访。是日，天气颇热，予辈行甚渴，乃还旅馆饮茶，旋复至日租界游览，街市规划，亦较中国街整齐，吾国对此，不可不猛省也。入一日本书肆，各买风景明信片数张，以为纪念。傍晚，返旅馆，则江君已来过矣。坐定，江君又至，欲约明日晚餐，以拟赴旧义州，还安东不能准定时刻，敬辞。江君改约后日，固辞不获，乃约明日还安东后再定。

初十日，晨起阴，旋晴。再至新义州，闻自新义州至旧义州，有摩托车可乘，而未审车行所在，问诸警察，乃知为定时开行之公乘之车，自八时至十二时，二时至六时，往来各开十次云。乘人力车至其地，榜曰多田商会自动车部。每次售票，以七人为限，时仅十时，而十二时以前之票，皆已售罄。不得已，乃购二时行之票焉。既购票，复至附近之地游览，已乃入日人所设西餐店午餐，店甚小，欲吃鸡且不可得，又寻面包而无之，看馔不中不西，又不似日本馔，殊可笑也。

二时，乘摩托车赴旧义州，计程四十余里，历四十五分钟乃达。盖道不甚平，车又已敝，故行迟也。下车，则见关门，额曰海东第一关，犹朝鲜旧物也。关外皆茅屋，入关，屋宇尤低，高者予可攀其檐，低者行檐下将碍帽。不半里，见高丘，左折而登，官署在其址，又登，有标，书曰义州公园，旁书大正即位纪念，更升其颠，有亭曰统军。北望，见关门之外，山势逶迤而为平野。鸭江环丘下如带，隔江群山若屏列，亭有朝鲜任疏庵叔英所撰序，刻木悬正中，字小，又有模糊处，不能细读。后有大正三年十月重修记，日本所置平安北道长官謇堂川上常郎撰，亦镌木，则字迹清晰可辨，记言统军之名，不知所由来，中日、日俄之战，日军皆驻此，彼乃以为谶合云。口占一绝："营丘高耸马訾横，对岸群山列似屏。谁使邪摩来应谶，春风坐领统军亭。"时有一朝鲜学生亦来游，西农操日语与语，问义州更有名胜可游览否？除自关门至此，更有市肆否？皆言无有。乃下，出关，更乘摩托车归，车将开而坏，坐待其修理，历半小时，更成一诗，以志义州："檐低时碍帽，巷小劣容车。茅舍对残堞，官衙依废墟。山夷平野阔，江近稻田腴。雄阙题署在，重闭意如何。"（鸭绿江下游两岸，皆产水稻。）

还逆旅，江君式古来，约明日午饭，予辈以近日夜睡甚不适，明日上午，拟即趁车还奉，坚辞之，江君乃改约晨八时，在后聚宝街聚仙阁会餐，拳拳之意，殊可感也。

江君去后，饮者大嚣，盖鸭江春乃以饭庄兼逆旅者也。不徒不能卧，亦不能坐读，避之之处，辗转不得，最后乃得一策，赴中华舞台观剧焉。剧甚无味，不新不旧，情节尤为不伦。予素不观剧，在上海七年，观剧不过十余次，尚强半非出自愿。今日到此，聊胜于旅馆中听猜拳哗笑之噪音而已，一笑。十时半，度饮者已散，遂还。

是日为国庆节，安东各学校及公共团体，午前皆集道前庆祝，商店则升国旗而已。

十一日，阴。晨赴江君之约，同席者，安东陶君子言，（德盛。）安东劝学所所长·李君庚襄，（献廷。）东边道立中学校校长，兼道教育会会长·沈阳臧君斌如，（世寿。）安东甲种商业学校校长。谈次，知安东教育经费，亦甚竭蹶，又以币制紊乱，商人不得不用日币，市价为日人所操纵，商务亦颇受损失云。食罢，遂行。江君又送予等至沙河镇，并赠予等水果数种。十一时十分，车行，七时十分抵沈阳。在连山关至桥头道中成一诗："两山被红叶，车行一径间，下有细河流，并毂鸣潺湲。十里见一邑，五里见一村。妇稚各自得，鸡犬静不喧。每怀避世意，窃爱山景闲。所恨渔人多，破此秦桃源。"抵沈阳，与伯商、西农，小饮酒家，然后入校，即席又成一诗："不耐悬车后，何人霸此州。山川销王气，风雨入边愁。放虎知谁咎，嗷鸿况未休。殷忧那向好，且上酒家楼。"予弃诗文几二十年，平时偶有所感，得一二劲句，亦恒不足成一章，良不欲用心于此也。近忽三日而作诗六章，诚近年来罕有之事，然所作无异俚吟已，拳不离手，曲不离口，鞶悦之饰，固亦小道可观矣。

朝鲜为东方君子之国，亚洲诸国，濡染中国之文化，无如朝鲜之深者。日本其后起者也，安南抑尤不逮已。近人争言舍力征而尚文治，若朝鲜其庶几哉。其尚道义，耻诈谖，贱争攘，无一不与我同，真我高第弟子也。虽一时见诎于人乎？然有小诎必有大信，天道好还，武力其可终恃哉！朝鲜与吾，感情尤洽，远者且勿论，王氏世尚元公主，附于元若外臣，明祖之兴，其末主欲举兵犯境，国人弗欲。李朝太祖，因民心之弗顺，以覆王氏。自太祖至于成宗，九世百年，皆锐意振兴文化，海东文物，灿焉备矣。丰臣秀吉之侵朝鲜，明神宗倾国援之，虽无大功，而朝鲜人感念其意不衰。明之末造，力屈于清，播越者再，然终阴助明。清世祖既入关，朝鲜孝宗犹训卒砺兵，欲伺其后，既不获报，肃宗时，仍筑大报坛，以太牢祀神宗。英祖时，又尊祀太祖及毅宗焉。模刻明成化中所赐印，为子孙嗣位之宝。正祖辑《尊周汇编》，三致尊攘之意，终李朝，未尝用清年号，奉其正朔。吾有朝鲜之友二人，皆言朝鲜中国，犹一家也。每阅报，见中国国事败坏，即愤惋，曰：已矣，无可为也已。夫以数千年之历史言之，则中国之于朝鲜，诚犹长兄之于鞠子也。死丧之威，兄弟孔怀，而今中国之于朝鲜何如哉！

（原载于《沈阳高师周刊》，1920年）

三十年来之出版界（一八九四——一九二三）

余年十一，岁在甲午，而中日之战起，国蹙师熸，创深痛巨；海内士夫，始群起而谋改革。于是新书新报，日增月盛。迄今岁癸亥，既三十年矣！遂无成业，终作蠹鱼。默数此三十年中，新书新报，接吾耳目者几何？其能动撼社会者几何？其忽焉若烟云之过眼，今之人，已莫能举其名者几何？岂欲为此三十年中作经籍志哉？风气之变迁，学术之进退，固于是可见其略焉。述三十年来之出版界。

吾国新书新报之能动撼社会也，自《时务报》始也。（前此虽有教会所出之书报，不足论，见后。）《时务报》者，方中日战事之殷，公车士子，群集京师，上书请迁都续战，由康有为主稿，（有为凡七上书，此其第二也。）格不达和议既成，有为等乃立强学会于京师，（强学会虽遭封禁，然此后数年间，学会之继起者颇多。）欲以昌讲学之风，振士气，谋变革。刊行书报，则会中所拟办之第一事也。未几，会被封禁。丙申，钱塘汪康年创时务于上海，由梁启超主笔政。（《时务报》初起，几由梁一人主持；汪虽间作论说，然无甚关系也。后乃有顺德麦孟华、余杭章炳麟、三水徐勤、归善欧矩甲等，分任撰述。）报既出，风行海内。销数最多时，至万六七千份，后此之书报，迄未有也。（此由当时新书新报之少。阅者专于一也。）风会所播，旬报、月报、半月报等，纷然而起。其最著者，由澳门之《知新报》、天津之《国闻报》、湖南之《湘学报》是也。（《知新报》由梁启超遥主其事。《国闻报》严复所创。《湘学报》则谭嗣同、唐才常皆有著述焉。是时陈宝箴为湖南巡抚，厉行新政，湖南为新学蔚起之地也。）其论皆主变法维新；于外事所知实浅，多旧时所谓经济家之论而已。其能得当时士夫之称许，亦以此也。启超等既以旬报等震动海内，更谋翻译书籍，又谋改善日报。（前此只有《申报》《新闻报》两家，多记官场消息、各地商情琐事而已。）丁酉冬，创大同译书局于上海。明年，出日报一种，名《时务日报》。夏，康梁进用，新政行。孝钦及守旧大臣害之。德宗知变将作，命改《时务报》为官报，任启超督其事，实阴令避祸也。令下，汪康年以《时务报》为商股拒之，于是改《时务报》之名曰《昌言报》，改《时务日报》之名曰《中外日报》。未几，京师变起，六君子流血东市，康梁皆走海外。新报多停办；存者亦钳口结舌，莫敢发论，新机为之一窒焉。

时上海独有一《苏报》，持论侃侃，抵谌中朝，称誉康梁不少屈。新者徒得之，若居空山者之闻人足音焉。尔后六七年中，《苏报》常为持新论者所走集，以此也。旬报之中，独有一《亚东时报》，为日本人所出，亦诋政府无所忌。启超既走日本，创旬报于横滨，曰《清议》。词多诋孝钦，主扶德宗亲政。是时禁令严，邮递甚难。《清议报》虽出满百册，然内地罕得睹。启超所办诸报，影响以此为最微矣。自戊戌政变迄庚子，八股既复，士复沉溺于帖括，事新学者少，新书新报出版亦不多。一二喜新之士，仍主变法之论。所共愿者，则黜孝钦，扶德宗亲政，复行戊戌新政而已。

庚子以后，舆论乃一大变。前此喜新之士，多以改革望诸朝廷，其所慕，则俄之大彼得，日本之明治也。庚子以后，知朝廷之无可与语；又知改革政治，其原来实在人民；必分政府之权，以畀人民而后可；于是拟议及于政体，而立宪革命之论茁焉。丁斯时也，杂志之应运而出者，则《新民丛报》及《民报》是也。《新民丛报》者，发刊于辛丑之冬，亦梁启超所办。其转移风气之力，与《时务报》相埒。时清廷方貌行新政，以敷衍人民；书报禁递，已不甚严，故其销数亦几埒《时务报》。《时务报》多论政事，《新民丛报》则多砭针人民，欧西思想习俗与中国不同之处，乃渐明了。自由、平等、热诚、冒险、毅力、自尊、自治、公德、私德诸多名词，乃为人人所耳熟。今日中年以上之人，其思想，尚多受诸此报者也。多载泰西名人学案传记，多数人乃渐知西方学术之真相。又多以新思想论旧学术，后此治新学者之喜研国故，亦实肇端于是焉。（初有新书时，议论尚皆以中国为本位，自无所谓国故之论。辛壬以后，欧化之趋势渐甚，而国故之论乃同时发生。其时谓之国粹。上海发行《国粹学报》，持续最久，且当时尚印行旧书多种，最足为研究国故者之代表。后此虽有此类机关，大率不旋踵而停办矣。然欧化之趋势虽盛，国故论迄亦绵延不绝也。予谓研究国故，自为今日学术界之要图。但通观前此之研究国故者，实有二弊：一则自号为新，而思想不免陈旧。一则遇趋于新，疑古太甚，实未明国故之性质。二者相较，楚固失矣，齐亦未为得也。至于目光专注于收藏家，多印书画等美术之品，以为牟利之计，虽亦不能谓其无益学术，然实非目前急务，此则骨董家之变相，更不足语于学术矣。要之新方法整理旧国故，今虽已启其机，然其盛大，则尚有待也。）其于政治，初主革命，自由主义，种族之戚，情见乎词。而康有为方游欧洲，以为革命之祸，易发难收，诒书诤之。壬寅癸卯之际，启超乃亦改主立宪。时则主革命者有《民报》，章炳麟、胡汉民实主其事。两报争辩极烈。然《新民丛报》发行较早；启超办报久，为海内人士所信较深；《民报》亦禁邮递，内地之人，得见者罕；故革命论之盛，卒不及立宪也。此数年中，留学日本之士大盛，谋译书出报者亦不乏，最早者《译书汇编》为月刊，继起者多以省分，如湖北人所出之《湖北学生界》、江苏人所出《江苏》、浙江人所出之《浙江潮》等是也。上海亦有继起者，如《翻译世界》《大陆报》《新世界学报》等是也。多不久停刊，故影响不巨。译书出版者亦多。然除一严复外，亦率尔操觚之作多，而精心结撰之作少；所译之书，又多俯拾即是，鲜加选择；故其书流播不久。然一时风起云涌，使社会耳目一新，亦不能谓其全无功绩也。

日俄战后，立宪之论益炽。清廷为舆论所迫，乃有派五大臣出洋考察宪政之举；旋下诏预备主宪。适宣统朝，则宪政施行，既有定期；谘议局、资政院亦相继设立矣。于是主革命者，亦不甚从事于言论。而梁启超等乃又创《国风报》于日本。除策励国民外，所论列者，以宪法及财政为多。非稍通政治学者，不能尽了其义。故《国风报》之销数虽与《新民丛报》相仿佛，然其议论之深入于人人之心，而足以转移风气，则远不及也。

吾述三十年来之出版界，独先缕缕于杂志者，以书报相较，报之力大于书；而以杂志与日报相较，则杂志之力，大于日报也。今请一论书籍之情况。益吾国之有译籍旧矣，从教会中人始也。其后乃有制造局所译。稍通外情之士亦间有从事于此者，若王韬是也。然举世鲜或措意。《时务报》既出，乃大声疾呼，劝人读西书。梁启超撰《西学书目表》《读西学书法》各一卷，刊布焉。然是时驰骛新说者，多旧学稍有根柢之士，年多在三四十以上，科学非所好；而政治法律等书，前此译出者，率无足观；哲学社会学更无论矣；故好读者仍鲜。斯时变法维新之论，所慕者既为俄之大彼得，日本之明治，其目光自全注于政治。以为革政其本，而械器工艺其末；政治苟变，此等细目，自随弘纲之举而毕张。故所欲译者，首在政法一类之书。（当时分西学为两大类，曰政，曰艺。）大同译书局序例，（当时无发刊辞、宣言书等名目，无论创办何事，宣布宗旨和办法之文，皆称叙例。）所言即此义也。局既设，事未及举，而朝政已变，局亦停闭。时则学东文以译书之论大盛，认识日本假名，稍肄其文法，以读彼国文义稍深之书，当时所谓“和文汉读”者，国文既通之人，殆旬月即可蒇事。一时从事于此者颇多。然庚子以前，新机窒塞，所译出者甚少。辛丑而后，留东学生骤盛，海内治新学者亦多，而译籍乃日出。然其所译，率尔操觚之作多，精心结撰之作少，已如前述。时则移译东籍，为留东学生及海上文士稻粱资斧之谋，亦为书贾射利之业。其初上海之译印新书者，以广智书局为巨擘，文明书局次之。（此外惟作新社所译较多；金粟斋所出虽不多，而皆尚好；又次则推昌明公司矣。然皆不久停闭。）商务印书馆初起，注重印刷，自出之书甚少也。然广智书局为保皇党人所主持，非真能营商业者。文明译书，亦不足述。而其时学校渐多，教科用书，皆取诸文明，营业颇盛。既忽以他故，停滞不进。而壬癸之际商务大肆力于教科书。其书一出，颇有涵盖一切之势；营业遂蒸蒸日上。浸至在新书业中，首屈一指焉。（其后继起之大公司，唯图书公司及中华书局两家。图书公司初起时，规模颇大，以营业不善，卒致失败。中华则乘国体改革之际而崛起者也。）于是书贾营业，以教科书为大宗，译籍顾居其次。译出之书，以法制经济为最多，以当时求学者趋重于此也。次则小说，亦颇风行；而林纾所译，尤负时誉。

民国肇建，出版界亦焕然改观。其时日报骤增，北京上海，新出者皆至数十种，激进稳健两派，訾警若水火，皆借报纸为机关，几令人目迷五色。赣宁战后，民党报纸皆停印，而舆论乃后沉静焉。方其盛时，两党互诋，皆近叫嚣；真能平心静气，以商榷是非者绝少，虽或援据不论，侈陈法理，亦多取其便于己者用之；或不惜曲说以申党议；违心之讥，两党皆所不免也。民党中唯章士钊一派，持论最持平；不曲阿己党，持调停之说甚力。所出《独立周报》，评论时事，多中肯綮。赣宁战后，章又出月刊一种，以出版之岁名之，曰《甲寅》。仍力主调和之说，时朝野疾视民党，一切务反清代之规模，时人谥之曰“复古”，虽贤者不免有此偏见。章等独斤斤以为不可，以视其前此著论，力斥国民党之骄横者，判然若两人，斯尤可谓中立不倚者也。其较偏于旧者，则有康有为以独力所出之《不忍杂志》，梁启超等在北京所出之《庸言报》，及其后中华书局所办由梁主任之《大中华》。有为为主张变法最早之人，顾当是时，力主因循旧政，保守旧俗，不惜出其一身以与举世抗，可谓姜桂之性，老而愈辣，君子观于此，然后知其能创变法之议，于举世不为之日者，为有由也。其所言之是非姑勿论，抑足以愧世之觊邀时誉，随俗俯仰者矣。此数种杂志，在当时皆足针砭时俗。顾其时之社会，混乱已极。粗猛者为暴民间，几同肆掠，夸毗者献媚政府，冀饱贪囊。无复系心国家，眷怀民俗者。虽复仁人志士，人百其身，犹未易改发聋振聩之效，况于群言混乱，谠言正论，且不易占势力于社会乎？丁斯时也，恶劣之小说，乃风行一时。如《礼拜六》《白相朋友》等，销场之广，教科书而外，几乎无与比伦。迄于今日，其遗风余烈，且犹未沫，斯则人心腐败之铁证矣。（译小说最早者，当推《时务报》，所译《华生包探案》及《长生术》等，皆附载报中。自后日报杂志，亦多附有小说，然出单行本者尚少。壬癸以后，译业既兴，小说亦随之而盛。仍以翻译者居多。自撰者不过十之二而已。虽名著寥寥，大都无关弘旨，尚多不失曲终奏雅之义也。至民国二、三年以后，乃鄙陋一无足观；且恶劣无所不至。当六、七年间，上海《时事新报》，征求各种社会黑幕，揭载报端。本所以抉发神奸，非以供茶余饭后之读助也。初时应征之稿，颇有佳者，其后渐不可信，该报因之停载，乃海上牟利之徒遂尔踵事增华，向壁虚造，而有所谓黑幕一类之小说，斯真奇想天开，抑也无孔不入矣。）

癸丑以后，社会之空气，沉闷已极。稍新之议论，几于不可复见。而陈独秀等所办之《新青年》，独扶翼新机，力斥当时复古之说。《新青年》后此之叫嚣漫骂，诚不无可议。然在此时，则可谓庸中佼佼者矣。袁氏死后，人心稍苏；复古之梦，随之而醒。是时北京大学，亦以主持易人，新机大启。所出书报，于社会主义及哲学、文学、科学，皆有所提倡。其议论，较诸前此通行之说，实觉新颖透辟，一时遂有风行草偃之势。近数年来，所谓新思想新文化，皆导源于是时也。一时转移风气，为力最巨者，当推《新青年》《新潮》两杂志。而稍晚出之《建设杂志》，议论尤切实焉。此外有名之杂志尚多；新译及国人自著之书亦不少；即日报，亦多特出附张研究学术者。学风之盛，洵前此所未有也。上皆目前之事，人人所知，不负赘论。

三十年来出版界之情形如此，所述虽略，然其变迁固大略可睹矣。今请进而述吾之所感。

三十年来动撼社会之力，必推杂志为最巨。凡风气将转迹时，必有一两种杂志为之唱率；而是时变动之方向，即惟此一二种杂志之马首是瞻。是何也？曰：凡社会之变动，骤观之，一若由于理性，而实皆驱率于感情。日报专事记载，不重议论，其能激动人感情之处甚少。书籍说理较深，又多译自异国，其所言，非必为目前利害切身之事。非如杂志，多吾国人自箸之论，皆针对当时之人发言；又其声情激越，足以动人之感情也。然则今日之风气，所以竞趋于新，一若旧政旧俗，无一足以保存者，其故可深长思矣。今日稳健之士，每訾喜新者流，事事欲效法他人，而尽忘其故；又或讥此辈于异国之事，亦无真知灼见。其言亦诚有片面之理由。殊不知社会当变动时，本非有所慕于彼，而思竭力以赴之之问题，乃皆有所恶于此，而急欲排而去之之问题耳。

自新说创导以来，能激刺人之感情，而支配其行为，俨若具有魔力者，无如（一）民主，（二）决弃旧礼俗，（三）社会主义之论。夫昔日之君主专制，则诚恶矣；今效法欧美之代议政体，其善安在？旧时礼俗，诚哉不宜于今；然一旦决而去之，将何以代之？此又新者徒所茫然无以为答者也。社会主义，诚救世根本之谈；然现在之蹙焉若不可终日者，又岂尽资本家之咎？此理甚明，人所易晓，而今之人顾若熟视无睹；即明知之，其主张之激烈，亦曾不少减，是何也？则所恶于旧者既深，急欲决而去之，而其余遂有所不及顾也。人之情，有所恶于此，必有所慕于彼，其所慕者，未尝有一时一地焉，曾现之于实也。然情感所迫，往往能造为幻象以自慰，虽明知其未尝实见，亦不恤谓有一时一地焉，曾现之于实以自欺。市三成虎，况于一国？合多数人之心理而皆如是，则所慕虽幻，亦若实有其事矣。故今日之称颂西欧，犹其昔日之讴歌三代，非必真知三代之若何善美也，有所疾于今，则凡与今反对者，一切托之于古云尔。故曰："尧舜之美，千载之积誉；而桀纣之恶，千载之积毁也。"然君子观于此，不訾大多数人识见之浅短，所慕者之不确实，而转以此知旧俗之必不可以复存。何则？多数人所慕之新，固或为镜花水月，然其痛心疾首于旧，则已彰明较著矣。夫世固未有为大多数人所痛心疾首，而犹能存焉者也。故君子所观察之事实，与常人同，而其所得之结论，恒与常人异。（今人訾吾国民有否定性而无肯定性，亦即此理；初不足为吾国民咎也。何则？彼固惟知旧者之当去，而未尝知何者之当从也。以前譬明之：则知君主专制之不善，而未知何种政体为善也；知旧礼俗之不适，而未知新礼俗当如何也；知私有财产制度之为乱源，而未知当代以何种经济组织也。其采用代议政体等，乃适然之事，非真知其善而采取之也。此等现象，非独今日，亦非独吾国；伊古以来，大变革之际，皆系如此。其初皆惟知除旧，至新者之建设，则破坏后因缘交会而成，非破坏前所豫定也。破坏前所幻想欲建设之境，其后大抵不能实现。）

中国人好发空论而不能作实事，此今人所为悲观者也。予谓此亦不足虑，何者？事实难变，而精神易于耸动，此为自然之势，无可如何。夫徒发空论，诚无益。然使人人之心思，顽固不变，而欲求事实之改变，不可得也。理想者事实之母；以中国土地之大，交通之不便，数千年来旧习惯之深，而运动不过卅年，全国舆论，即已大略一致，固亦不可谓迟矣。语曰：一纸书贤于十万师，就卅年来事观之，诚哉其然也。此亦出版界中人，所差堪自慰者也。

文字宜于通俗，此观诸近数年来之事而可知者也。中国向者，亦非全不用通俗文。然其意，以为此以语妇孺及农工商之流耳；（如官府所出白话告示及民间所刊善书是也。）非所以语读书之士也。新书报初出时，其意盖犹如此？故虽有白话书报，而亦无人过问，以此等人本不读书，而自读书人言之，则此等书无足读也。近数年来，新文学之说既倡，著书多用语体而学校生徒之能读书者大增，书报之销行益广，此其中固亦有他种原因，然文字艰深之隔阂既除，而学术之研究遂易，则事实昭然，不可掩矣。予固不谓旧文学可废，亦不谓新文学胜于旧文学，然文字艰深之弊去，俾学者节省日力，则教育易于普及，而学术程度，可以提高，则事实昭然，不可掩也。

合三十年来之出版界观之。学问智识，诚觉后胜于前；然道德则似反不逮，信用亦较前为弱，此则著述界中人，所亟宜自警者也。犹忆戊戌以前，新书新报初出，执笔者皆一时之俊，诚有救国牖民之热忱。既非以邀名，亦非以牟利：故其言论，能为薄海所信仰。即其时从事日报者，亦多秉公审慎，不敢妄肆雌黄。故热心公益之士，以得报纸之称誉为荣；而束身自好之流，以受报纸之讥弹为辱。庚子以前，盖犹如此。辛丑以后，新机大启，书报日出，然率尔操觚之作转多。或则曲学阿世，不顾是非。或则务伸己说，淆乱黑白。甚有造作谰语，诬蔑异己者。于是报纸始为海内所齿冷，受其誉者不足为荣，为所毁者不足为辱。其监督社会，指导舆论之力，一落千丈矣。（受人津贴，为之机关者，更不足论。）即以智识论，后此佼佼之士，所知诚突过前人，然此就其中少数人论之耳，若合全体言之，则前此非真有学问之士，不敢执笔；后此则弱冠之子，浅学之徒，亦皆伸纸握笔，俨然著论矣。夫学术之深浅，品评亦视乎其时。前人所知虽浅，然在其时自为第一流，故能得人之信仰也，今若此，安得不为人所易视哉。又问题之讨论，学术之研究，诚以集思广益而愈明，然亦必确有所见，方可出其所怀，以与大众商榷。若事实尚未明了，即已借箸代筹；读书初未终篇，亦欲斐然有作，而亦长篇累牍，登诸报端；或则旗鼓相当，辩争无已，此则徒耗读者之日力耳。不徒出版机关，滥用种种方法，以招致此曹投稿为不当；即学者如是其求速化，亦非大器晚成之道也。

处今日之情势，已非大资本不能营书业，盖旧时书贾之刻书，销场佳者，三年而仅偿其刻版之费；自此以往，乃得薄利焉。今则印刷之技既精，运输之途又广；广告之术，尤层出不穷。苟非如大书店之能自设印刷所，多设支店，多登广告，其营业决无振起之望。夫资本之为物，其趋于利厚之处，若水之就下，以今日大资本之书店获利之厚，而犹望有小资本者，同时竞起经营，此必不可得之数也。至于私人刻书，不为牟利者，自亦有之；然其数必有限，且其印刷之费，必较书店为昂；成本昂则售价必贵，纵不牟利，亦不便于学者；又况无分销机关，不能普及乎？故今后广印书籍，以宣扬文化之责，殆十之九集于有大资本之书店，非虚言也。今之人，每訾书店惟知牟利，不甚肯为学术文化计，此亦一偏之论。书店以营业为目的，与一切商店同。岂能责其只顾公益，不顾血本？苟如是，彼其资本，亦不转瞬而尽耳，所能为者几何？然虽如是，在无碍销场之范围内，书店亦应尽相当之责任。且书店之编印某种书籍，原因其销路之广而然；然亦有某种书籍，因书店之提倡，而其销场乃广者。亦视其为之何如耳。此等责任，亦书店所应负也。（目前可为之事即甚多，试举数端以明之。如民国肇建，已十二年，此十二年中之事，利害切身孰甚焉？为共和国民者，人人所应明了也。然竟无随时编辑，以餍国人者，此亦出版界之耻也。法令条约等，在昔时尚有搜辑汇刊者，今则除供法官、律师所用者外，皆无有矣。日言译新书宜有条理系统，然终不见此等事实。其卷帙较巨，若商务所出之《科学大纲》者，已如凤毛麟角矣。日言研究国故，而旧籍之难求弥甚。间有翻印者，非印刷甚精，即卷帙甚巨，以致售价甚昂，寒士殊不易得；求其将旧时丛书，择要翻印，或另按学术之性质，编成新丛书；或虽翻印旧籍，而可分可合，任人选购者，且无有也。然则今之翻印旧书者，毋乃真只能翻印旧书乎？为文化计，一二有力之收藏家，能读书者实少，即为营业计，少数有力者之趸购，亦不如多数寒畯之零买也。天下事无难易，惟得其术者为能成功。今人颇有言四库书宜印行者，甚盛举也。然绝不知别择；言印即欲全印，以致力不能举。殊不知四库书为外间所有者甚多，并有通行之本，转精于四库著录之本者。欲印行。宜先外间所无之书；次则择其与通行之本不同，足资校勘者；其余尽可从缓，如此逐渐印刻，数大书店之力，即可任之，正不必仰仗国库，更不待招外股也。散见各报章、杂志之论文，尽多有用者。然如《东方杂志》之能辑刻东方文库，亦尚为破天荒之举。此类有裨学者，兼利营业之事甚多，举不胜举也。）

（本文写于1923年）

来皖后两点感想

我先世本安徽人，但是迁徙到江苏，业已数百年。前此虽然在安徽经过，但都是经过而已，住居在安徽，现在还算第一次。

我只能算初到安徽。我初到安徽，却有一种感想。感想是什么？便是我觉得安徽是接受北方文化最早的区域。谁都知道，中国的文化是起于黄河流域的。但是文化的起源，虽在黄河流域，后来发扬光大，却靠着长江流域。这亦是谁都承认的事实。长江流域很广大，岂能同时接受北方的文化？

长江上流的蜀，是到战国时，才为秦所灭的，其前此开辟的事迹，见于《华阳国志》的，殊属荒渺不经。东川的巴，据汉朝人说，汉世的巴渝舞，原出于板循蛮。而板循蛮的歌舞，便是《尚书》家所谓武王伐纣，前歌后舞的兵。此说应属可信。但其事已在周初了。再东，从南阳到江陵，便是《诗》家所谓周南的区域。此区域在周初，能接受北方的文化，是无可疑的。再追溯上去，《尚书大传》说，汉南诸侯，归汤者四十国，该也是这一个地区，但其事也在商初了。更东，便是所谓洞庭彭蠡之间，是古代三苗国。三苗的国君姓姜，和神农是同族，这可算是长江中流渐染中国文化最早的一个证据。然而三苗的酋长是蚩尤，在黄帝时，便和汉族战争的，到舜禹时仍劳中国的讨伐。三苗的国君虽姓姜，三苗的人民是九黎，黎即后世之俚，汉时亦作里，见于《后汉书·南蛮传》注。当时三苗之族，迷信很深，又淫为劓刵椓黥等酷刑，见于《国语》和《尚书》，全与汉族政化相反，所以有劳汉族的讨伐。大约姜姓之族移居长江中流，未能同化异族，而反为异族所同化。后来长江中流，开辟于楚，然而楚之初封，并不在长江流域，实在今河南境内丹、淅二水之间。后来逐渐迁移，乃达于现在的江陵。这一段考据，见于宋于庭先生的《过庭录》，甚为精确。《史记·楚世家》说熊渠立长子为句亶王，中子为鄂王，少子为越章王，皆在江上楚蛮之地。鄂是现在的武昌，正当洞庭彭蠡之间，当系三苗旧壤，仍称为楚蛮之地，可见神农一族的文化，在长江流域，绝无遗留了。反观长江下流，则《左氏春秋》说，禹会诸侯于涂山，涂山是现在怀远县。这一会，尚散见于他种古书，该不是荒渺之说。夏少康的庶子，封于会稽，是现在浙江的绍兴县，少康所以封庶子于此，因禹葬于会稽，封之以奉禹祀。夏少康的庶子传二十余世而至允常，这二十余世，虽然名号无征，然而世数可考。古代诸侯卿大夫的世系，出于《世本》。《世本》系周官小史所职，乃确实可据的史料，断不能如近人古史辨一派之说，疑为虚构。然则禹崩于会稽，葬于会稽，也是确实的。当时禹的行踪，已从现在的皖北，直达浙东了。当时这一带地方，对于禹，绝无反抗之迹，和三苗大不相同，这便是长江下流接受北方的文化，早于长江中流的证据。

我最初怀疑这问题，是因小时读《孟子》，见舜卒于鸣条之说；稍长读《礼记》，又见舜葬于苍梧之说；更长读《史记》，又见舜崩于苍梧之野，葬于江南九疑之说。三说不同，是以怀疑。葬于苍梧，葬于九疑，相去尚近；九疑自可认为在苍梧区域之内，可以勿论；若鸣条，就相去很远了。鸣条我们虽不能确知其处，然而和南巢总是相近的。南巢是现在的巢县，无甚可疑，则鸣条也应在安徽境内，大抵在于皖北。舜的葬处，如何从皖北直说到湘桂边界上呢？这就大有可疑了。我们以别种史事来参证，则当时洞庭彭蠡之间的三苗，是和北方反对的。舜虽曾分北三苗，恐未易通过其境。再者，春秋时，楚地尚不到湖南，顾震沧《春秋大事表》有此论，考核甚精。然则舜即能通过三苗，亦未必能到湖南，何况湘桂边境？可为汉族古代与湖南有关系的证据的，只有象封于有庳一事。有庳旧说在今湖南的道县。何以有此一说？是固其地有象的祠堂。凡地方所祀之神，往往附会名人，而实则毫无根据。此在今日，尚系如此，何况古代？道县的祠，是否象祠？即系象祠，是否因象封于此？此都大有可疑。以其他史迹证之，只可说有庳之在道县，绝不可信。但是现在道县，在汉代一个不知谁何的祠堂，何以会附会到象身上去？亦必有个理由，不能置诸不问。我以为象的传说，是因舜的传说而生。明白了舜的传说，何以会到苍梧九疑，那就象的传说，何以会到道县，可以不烦言而解了。大凡人愈有名，愈易为人所附会。我们看湖南广西开辟的历史，断不能承认舜到过此处。那么，舜葬于苍梧九疑之说，只能认为附会或传讹。但何以有此附会，致此传讹呢？我因此想到衡山。衡山，照普通之说，是在湖南衡阳。然在汉代，实有两说。一说在衡阳，一说即今安徽之霍山。此事亦一考据问题，我以为古代山名，所苞甚广。实和现今所谓山脉相当。衡山即横山，亦即纵断山脉。我们现在说起山来，都囿于现在人所谓山的观念。说衡山既可在湖南，又可在安徽，人皆将以为笑柄。若说衡山之脉，从湖南绵亘到安徽，那就毫不足奇了。然则衡山究在湖南，抑在安徽，所以议论纷纷，盈廷聚讼的，不过是古今言语不同的问题。古人粗而后人精，古人于某山某山之外，没有山脉二字之名，以致有此误会罢了。明白这一层道理，则湖南安徽之山，均可有衡山之称，实乃毫无足怪。但话虽如此，古代的衡山，决不能没有一个主峰。这里所谓主峰，并不是地理学上所谓主峰的意思，乃指古代南巡守祀天之处。大约现在绵亘于湘、赣、皖、浙诸省之境，为长江和粤江、闽江之分水岭的，在古代通可称为衡山，这是广义的衡山。其中之一峰，为天子南巡守祀天之处，亦可但称为衡山，此为狭义之衡山。从狭义的衡山，附会传讹到广义的衡山上，自然是极易的事。古代南巡守所至，证以史迹，与其说是现在湖南境内的衡山，自不如说是现在安徽境内的衡山。窃疑禹会诸侯于涂山，南巡守至于会稽，舜也有这一类事，所以巡守之礼，详载于《尚书》之《尧典》上。此说如确，则舜必曾到过安徽的霍山。安徽的霍山，古代固称为衡山，而此外可称衡山之山尚多。

古人传述一事，大抵不甚精确。因为舜曾到过衡山，便不管舜所到的是衡山山脉中的哪一处，而凡其山有衡山之名之地，便都附会为舜曾到过。指其地不知谁何的遗迹，为舜的遗迹，这是极可能的事。舜葬于苍梧九疑之说，恐是如此来的。既可附会苍梧九疑地方不知何人之墓为舜陵，自可附会道县地方不知何人之祠为象祠，因而就说道县是有庳，辗转传讹，都自有其蛛丝马迹了。我们试看后来成汤破桀于鸣条，放桀于南巢，周初淮夷、徐戎，响应武庚及三监，皖北一带，都与旧王室一致，反抗新朝。亦可见苏皖两省和北方的政治中心关系的密切。

说到此，则长江下流，为全流域中接受北方文化最早之地，而淮水流域，又为其媒介，似无疑义。交通之发达，文化之传播，本应先平坦之区，而后崎岖之地，以地理上的条件论，也是当然的。然则以开化的早晚，传播文化的功绩而论，安徽人在历史上，也颇足自豪了。

这是以往的事。讲到现在，却是如何呢？我们常听人说，武昌居天下上游。又听人说，丧乱之际，起于长淮流域者，必为天下雄。不错，历史上的兵事行动，都足以证明此等说法之不错。但是传播文化，又是如何呢？惭愧，我们读历史，只见许多史学家，胪举以往的战事，来证明各地方形势之优劣；却不见胪举文化事项，来证明各地方形势之优劣。这是造成史料的人的耻辱，还是利用史料的人的耻辱？我说，这可以说，两者互有之。不能多造传播文明，增进人类幸福之事，以发挥地理的特性，却多造成争夺相杀，增加人类苦痛之事，以发挥地理的特性，这确是人类的耻辱。但是人类之利用地理，虽不尽善，地理条件的优越，是不因之而改的。我们现在，果能翻然改图，多造有益之事，居天下上游的武昌，必为天下雄的长淮流域……固依然与我以便于利用的条件，与战争时代，毫无以异。

然则安徽人在历史上，已尽了传播文化的责任。在今日，更应负起这责任。

我更有一种感想。我觉得，人类最大的缺陷，就是不能利用理性。在生物进化上，灵长二字，是人类所无愧的。这并非夸大之词，事实确系如此，人类所以能如此，就是靠着理性。但是人类，较之其他动物，固然很有进步，而人类所希望达到的境界，则还不及千百分之一。人类的进化，所以去期望如此之远，是因为人类的活动，大半是盲目的。假若人类的行为，能事事经过考虑，其效果决不如此之小。自然，人类的行为，有一部分是先思而后行的。不过瞎撞的总居多数。因此进步不快，甚至有进两步退三步的时候。我们如果希望今后得到更多的进步，以更少的劳力得更大的效果，那么，只有遵从我们的理性。人人运用理性，目前自不可能，我们只希望有少数人，能运用理性，去研究决定进行的方向及方法。大多数人依着指导进行。一面进行，一面研究，一面改善。纵然不能无错误，但既非盲人瞎马，终会收事半功倍之效。然则这个运用理性的责任，应当让什么人、什么机关担负起来呢？我们可不假思索地回答，就是学校。这句话，不是我们现在才说，古人早已说过了。历来有许多人，喜欢崇拜古人，动辄曰“人心不古，世风日下”等等的话。初看起来，似乎与进化的道理相违背；可是细想起来，也有道理。社会的进化是畸形的，有许多事情固然今胜于古，有许多事情却是古胜于今。大抵在物质方面，今胜于古的多；至于社会组织，则确有古胜于今之处。这并非我们的聪明才力或道德不及古人，实因古代的社会小，容易受理性支配，后世的社会却不然，如庞然大物，莫之能举，所以只得听其自然。大抵要改造社会，决非少数人所能肩其责任，以少数人肩其责任，必至于举鼎绝膑，本来的目的未达，反生出种种祸害。所以我常说，能改造社会的，只有社会。这句话的意思，是说要改造社会，必须社会全体，至少大多数人有此愿望，能够了解。然而现在的社会是盲目的、因袭的，我们如何能使人人有改革的志愿，了解改革的意义呢？这个便是教育。教育不但施于少数人，要使其影响扩大而及于全社会。所以古人不大说教育，而多说教化。教化便是看出当时社会的需要，决定其进行的方向与方法，而扩大宣传，使大家了解其意义，而愿意遵行的。古代的学校，确能负起这责任，亦曾收几分效果。试举一事为证，古人的性质是刚强的，大抵最好争斗，所以最要紧的，就是叫他知道尊崇秩序，爱亲敬长。古代学校所行的乡饮酒礼、射礼，便是这种意思。我们只看现在中国民俗的柔和，便是古人此等教化的成绩。所以《礼记》上说，强不犯弱，众不暴寡，此由大学来者也。古代学校所施教化的好坏，可以不论；而学校确可为施教化（即可看出其时的需要，研究决定其进行之方向及方法，扩大宣扬，使人人了解意义，而愿意遵行。）的一个机关，则确无疑义。此等责任，我以为一切学校，都应负起。而在历史上曾经负过传播文化责任的安徽，其大学，便更有负起这责任的可能，亦更有负起这责任的责任。

（原载于《安大周刊》第87期，1932年5月27日）

追论五十年来之报章杂志

孤岛沉沉，静夜独坐，邹君武风以书来，曰：“《正言报》之出版一年矣，不可无一言以为之祝。”予惟古者，颂不忘规，承平之世尚然，况在蒙难艰贞之际。语曰：“前事之不忘，后事之元龟也。”敢就睹记所及，报章杂志之影响于社会者，述其崖略，以为《正言报》诸君勖，并以告当世之士，有志于以言论淑世者焉。

予之知读报也，自民国纪元前十七年上海之有《时务报》始也。是时海内情势，晦盲否塞，政俗之有待改革日亟，而莫或能为之倡者。《时务报》出，风运甚速，销数至万七千份，此在今日诚不足为异，然在当时，则创举也。读《时务报》者，虽或持反对之论，究以赞成者居多，即反对者，亦咸知有改革之说矣。记曰：“运会将至，有开必先。”时势造英雄，开创之功，固亦因乎运会，然其奋起而图开创，其功卒不可没也。越二年，办《时务报》诸君，复在澳门办《知新报》《时务》《知新》，虽名为报，实皆今日之杂志。当时无杂志之名，或但称报，或则以其出版之期，称之曰旬报、半月报、月报云尔。别杂志于报章而称之日丛报，盖自《新民丛报》始。（见后。）然其后办杂志者，亦仍或但称为报也。是时海内之办杂志者不乏，而《时务》《知新》及天津之《国闻报》、湖南之《湘学报》称巨擘焉。司撰述最有名者《时务》《新知》则梁任公、麦孺博、徐君勉、章太炎，《国闻》则严几道，《湘学》则谭复生也。日报本止《申报》《新闻》两种，岁丁酉，《时务报》同人又筹办《时务日报》。明年变法，上谕改《时务报》为《时务官报》，主《时务报》之汪穰卿，以报为商股，拒不受命，改其名曰《昌言》，并改《时务日报》为《中外日报》。《昌言报》改名半年许而停，《中外日报》则继续颇久，在当时日报中，议论称平实而新颖者焉。而在政变以后，能奋笔以与旧势力抗者为《苏报》。要之自甲午战后，变法维新，成为一时之舆论者，此诸报之功也。

戊戌变法以后，海内言论，不甚自由，新机乃移于海外，梁任公走日本，办旬刊曰《清议报》。力诋孝钦，主扶德宗亲政，而保皇遂成为一时之舆论。顾《清议报》在当时为禁书，得见者较少，其为力不如《时务报》之弘也。《清议报》凡百期而止。民国纪元前十年，任公复办旬刊曰《新民丛刊》，则其流行颇广，其初出时，注重民德之当改造，故曰新民。亦时鼓吹革命，其后康长素移书与之辩，任公遂改从其师之主张。是时兴中会已改为同盟，胡汉民在日本办《民报》，主张革命，而《新民丛报》主张君主立宪，两家论战之文字，多有精彩，虽间有溢出论旨之外者，而大体皆以至诚恻怛之意出之，在后来言论界中，辩论能如是者，亦殊鲜见也。（当时《民报》尝提出某问题，梁任公以就此问题，更加辩论，将使满人感觉立宪于己不利，于大局有碍，宁受屈而避不作答，此等风格，实负言论之责者，所当奉为模范也。）《新民丛报》后半期中，鞭策民德之语，多凛然于有志之士，举措失之轻躁，且意气太盛，私见未除，易以内争，致败大计，则革命以后，其言之若烛照数计者不少，革命党人之能深长思者，多回溯其言而怦然有动于其中焉，若章行严即其一也。《新民丛报》中又多论学之作，在今日观之，虽多肤浅不足观，然在当日，固能输入新知识，且导人以新方法治旧闻者，其有影响于学术界，殊不在后来新文化运动之下也。当《新民丛报》刊行时，留学东瀛之士稍多，定期刊物，一时风起云涌，其组织多以省别，如《湖北学界》《浙江潮》《江苏》等是也，其稿多出课余凑合，瑕瑜互见，诸刊物又皆不持久，故其影响较微。上海亦有出杂志者，《新大陆》《新世界学报》，其较著者也，亦乏精彩，而不能持久。惟《东方杂志》，以有商务印书馆为之主持，故初虽无甚精彩，而能继续不辍，逐渐改良，成为有名之杂志焉。《新民丛报》历若干期后，梁任公之兴趣复移，好论实际政治制度，而尤注意于财政。民国纪元前三年，出旬刊曰《国风报》，其议论即集中于是，至革命军起乃停。要之，以言论牖启国民者，任公实为首功，而甲午之后，至辛亥之前，约二十年中之功绩尤巨。章行严称其当风雨如晦之时，“独为汝南之晨鸡，亘十余年，叫唤不绝”者也。

国体改革以后，言论界之势力，一时仍操诸旧人物之手，以新起者多浅薄无足观也。是时梁任公在北京办一杂志曰《庸言》，康长素在上海，以一人之力独出一种杂志曰《不忍》。《庸言》停后，任公不复自办杂志，其论著刊于上海中华书局所出之杂志，曰《大中华》。《不忍》《庸言》《大中华》中，康梁二人，针砭时弊之作，可谓深切著明。然时社会之机运，方当舍旧谋新，而二人皆以旧观念相箴规，欲释其新而反之于旧，故其机卒不相契。惟任公论财政及币制之语，颇多深切。而袁氏叛国时，任公撰《异哉所谓国体问题者》一文，刊诸《大中华》中，尤为时论所归仰焉。自民国纪元以来，以政论著称者为章行严，其议论初见于《民立报》，复见于《甲寅杂志》。顾章氏政治学说虽深，而其智识不如梁任公之广博；又其所论偏于学理，不能如任公之专就现实问题立论，故解者较少；而其影响于社会之普遍深刻，遂远落任公之后。

二次革命以后，言论界颇觉沉沉有死气，其时能稍留一线之生机者为《新青年》，然亦不甚为人注意也。五四运动以后，社会之新机乃大启，《新青年》乃一时若执言论界之牛耳，而北京大学所出之《新潮》，亦殊虎虎有生气，惜《新潮》未久即停，其后内容最切实者，为胡汉民、朱执信、廖仲恺等所办之《建设》，惜阅时亦不甚久。自是以后，杂志日多，而势力分散，足称言论界之重心者无闻焉。而指陈时事，为国民向导之功，乃稍移于日报，如北伐初成功时之《时事新报》，近数年来之《大公报》其选也。杂志之佳者，则渐趋于精深，或专研究学术，或虽论时事而偏重于学理方面，不复足当指导一般人之任矣。

以上所论五十年来报章杂志之情形，奚翅挂一漏万，区区之意，盖就其影响于社会广大而深刻者言之，而其余则在所略耳。窃谓五十年来，领导社会，使之前进者，实以报章杂志之功为最巨，而译著之书籍，皆远在其后。盖（一）书籍易偏于学理，不如报章杂志之多就现实问题立论，使人易感兴趣，且易了解；

（二）而其按时而出，不啻督责读者以必读；（三）又其继续不已，又不啻强聒不舍也。当辛亥革命之后，至五四运动以前，革命之主义方略，实未为人所了解，管理货币之制，在今日行之而收大效者，孙中山先生早创之于民国纪元之初，其时闻者十九惊怖之若河汉，甚者以为讥笑之资，而国民党中人，迄未有能起而阐明之，使人人了解者。直到民国九、十年间，《建设》杂志乃从而阐明之，其理既明，世人亦不复以骂讥笑侮加之矣。举此一端，余可类推。一次革命之失败，袁世凯之敢于帝制自为，张勋之敢于复辟，其后军人之敢于横行无忌，其原因固多，而当时国民之反对革新，趋向复古，实有以助成之。人心何以反对革新，趋向复古？则无人能阐明革命之真义，实其原因之大者，余尝谓使得国民党中而有一梁任公其人，革命前途之艰难，必不至是。斯言也，凡身历五十年来之事变，而能平心以思静气以道者，决不以为虚诬。夫宣传则岂非党员之天职。关于此点党员实不可不深自省。抑革命岂惟党员之职？则凡在国民，又皆不可以不自省，而其稍有知识，在国民中处于先知先觉之地位者，尤不可不时时痛自刻责也。

（原载于《正言报》，1941年9月21日）

南归杂记

旅奉半年，南归匝月，耳目所触，感想遂多。拉杂记之，以告同学，且以寄示南中诸友云。

予以七月初十日离奉，十一日抵天津，则津浦车已断矣。十二日附怡和公司景星轮船南行。船甚小，而拥挤特甚。房舱已不可得，居客舱中，人密排如蜂窠。在予犹可，尚有养尊处优之太太、奶奶、小姐们以及小孩，亦局天蹐地于其间，既已欲笑不能，欲哭不可矣。舟过芝罘，风浪大作，船颠簸特甚，客舱中仅四五人能起立。平时养尊处优者，虽以离乱，不得不居此局天蹐地之境，然口腹之欲，却不能牺牲，上船时各挈“路菜”多品，以为夏日必无风浪也，恣意啖食如平时，及风浪作，呕吐狼藉，哀吟之声四起，几于耳不忍闻，此皆受军阀之赐也。十六日抵沪，如登天堂矣。

江南今夏极热，予乡自七月二十九日起，至八月初七日止，日间温度，恒在九十五度以上，夜间亦在九十度以上。初七日傍晚大雨，乃稍凉。而虎列拉作，染者不多，然甚剧。地方医院所收受之人，自第一人至第十四人皆死。不入医院者，死者尤多。推其缘故，半由今年之虎列拉，较往年为重，半由挑痧误之。挑痧者，南方剃发匠业之。无识之徒，夏日不论何病，皆先雇剃发匠挑痧，然后延医，谓可救急也。然经彼于四肢乱加针刺后，静脉注射，即无所施其技，虽更延西医，亦往往束手。甚有于胃腹乱加针刺，致病已转机，胃肠发炎而死者。然谆谆告人曰：毋招剃发匠挑痧。莫听也。甚且招人讥讪，剃发匠更目予为怪物矣。剃发匠之以挑痧名者，或一夏而储银三百元，以买良田，或出入皆乘包车。

故乡朋友聚首者较多，然谈学问者颇少，非闲言送日，则作诗钟着围棋……而已。亭林谓南方学者，言不及义，好行小慧，何今昔之同符邪？（此非骂人，予亦如此。）

南归见闻，最使予感触者，为同善社之发达。同善社者，教人静坐练气。其目的，不知其在长生欤？抑别有在也。有其所崇拜之神。欲入社者，须先得社员之绍介，“老祖师”既许可，乃入社，遍拜其神，磕头凡六十余。次拜老祖师，老祖师乃教以静坐练气之法，历若干日，曰：可矣。乃招之入密室，而传以真言焉。男女皆可入社，专注意招诱士大夫，不乐受下流社会人也。自上海及内地皆有之。吾乡之士大夫，有全家入社者，吾邑之知事亦入焉。在上海，已有人献以高大楼房，陈设器用，皆极精美。京津信者亦多。闻该社始于四川，推行几遍十八省矣。任君鸿隽云：“……血液循环。惟是循其自然之脉道，与内外渗压之定理。未闻可以人力为之调节输送，变其自然之轨道。籍曰能之，当为损而非益。今之学道者，中夜起坐，以行所谓吐纳导养诸法，谓身中血液，可以意志变易其常道，而收长生不老之效。吾尝北至燕蓟，西抵巴蜀，往往见黄冠之徒，设坛倡教……达官大人，不惜纡尊降贵，北面称师，以求所谓却病延年之术者。南北数省，政见参差，独于此点，千里同揆。此无论其关系人心风俗如何，其昧于生理学概念亦甚矣。”（《建设》二卷一号《科学基本概念之应用》。）予谓人不可以有所蔽。今之奔走形势之途者无论矣。即发辫长垂，匿迹林下，世所目为遗老者，其人原亦奔走形势之徒。又有一等势利已极之人，不问是非，其人本亦不知有是非，但见昔尝居尊位而多金者，则奉之若偶像，凡厥所言，皆是也。于是年才弱冠，而其思想已若耆艾者流，此世所目为遗少者也。夫此等人皆贪欲之徒，今也年力衰惫，金钱名位，更无所求，所惧者死而已矣。则凡可以免死者，无不为也。然则黄冠之徒，安得不乘其虚而入之也哉。夫贪欲之达官贵人遗老崇拜之，则盲目而不问是非（且本不知有是非。）之遗少从之矣。此同善社等等之事业之所以盛也。孟子言伯夷太公之归周也，曰：“二老者，天下之大老也，而归之，是天下之父归之也。天下之父归之，其子焉往。”吾国社会之情形，抑何其今古同符耶？独不能如是，则推“大老”以为政可矣，何必言德谟克拉西？

更有一等人，其贪欲与此曹同，而知识程度较高，知练形服气以求长生之不可致也，又自反其生平之所为，而不能无愧也。日暮途穷，贪欲忧惧之念，交迫其中，乃遁而奉佛。夫奉佛则岂不甚美，然问其所谓佛者，则并入天小乘，尚未能知也。有某医士者，善投机，本兼营刻书贩书之业，知此等弱点具之者颇多，而其人又颇足以鼓动人也。乃利用之以刻佛经，首辑一书，忘其名，以证明鬼之必有，诸天地狱轮回果报之不虚。其所取材，则

《聊斋志异》《阅微草堂笔记》《子不语》……咸在焉。夫此可以代表今日遗老遗少达官贵人之流学佛之心理矣。予尝与之上下其议论，彼其所见，实不过如此。而顾藉净土宗以自文，吾不知净土宗之弘念佛，求往生，其说果如此否？世之读佛经者，不止此曹，必能辨之。

某医士刻经凡十四种，皆《四十二章经》等无关紧要之书，取其卷帙少，刊印易，购者多，便牟利也。皆为之注，以佛经卒不易读，即论注亦不易读。今曰有新注，一阅即解，人人能解，可诳诱愚俗也。乃大登广告曰：此十四种者，读佛经之初步。有志学佛者，皆必须先读焉。其注则买一本日本佛学大辞典，雇人翻译钞撮而成。翻译之徒，又多不通，且出众手，汇合时不暇致详。有某经，注既成，请人作一序，本可无庸加注也，乃亦加之以注，已觉可笑矣。注中于江宁二字下注曰：今南京府。且注题某医士名，而竟称某医士曰某某先生，真千古奇闻也。某医士之言佛如此，竟亦有推许之为学佛之徒，引为同调者。觉社所出海观音杂志，平心论之，尚为今日言佛法有益之书。乃亦特为某医士所刻佛经绍介，其不察邪？抑亦引为同调也。夫如此而言佛，则佛之末法至矣。予于某医士无怨，且薄有相知之雅，然不避嫌怨而言之者，实以社会现状至于如此，不忍不言，非徒曰骨鲠在喉，吐之乃快。

迷信之空气，浓厚已极。于是扶乩亦足惑人。上海有所谓灵学杂志者，度读者亦必见之矣。吾乡亦有为之者，乃竟托名叶天士临坛，为人治病。前年颇轰动一时。京师蒙古某王之子病，至欲招吾乡之某，往为扶乩施治焉。其人行至浦口，而某王之子卒，乃返。今虽不及前岁之盛，犹未绝也。此等事殊不足论。吾今请论叶天士。

叶天士怪物也。彼在南中负盛名，然生平究擅何技，长何科，曾治愈何等疑难大症，绝无实迹可指。俗传天士治病，奇迹甚多，皆无识而好语怪之徒，附会不经之谈而已。请举吾幼时所闻两事，以资一笑。（一）天士出为人治病，舆过某肆之门，肆中一伙，从柜台内跃出曰："闻汝名医，知余何日死乎？"曰："今日申刻。"店伙大笑。天士去未几，店伙腹痛，急使人招之。曰："不可为也。"饱食高跃，肠已断矣。店伙果死。（二）有狗蝇入耳者，招天士治之。天士无策，曰："容归思之。"患者之家曰："此之不能，何云名医？三日无治法，必毁汝招牌。"天士归，忧惧不知所出。蹀躞门首，一铃医过之，天士漫曰："吾天下之名医也，汝何能而敢过我之门也。"铃医曰："异哉！我不知子之技，我之技独无子所不知者耶？"天士曰："吾姑以一事试汝，能答者任汝在吴鬻技。不能者请去，勿留于吴。"曰："请言之。"天士曰："狗蝇入耳，以何法治之乎？"铃医大笑曰："以狗作枕而已，又何问焉。"天士曰："善。君休矣。"以告患者，患者如其言，狗蝇果出。此外类此之谈尚多，不可悉举。吾去岁在南方茶肆中，闻一卖蛇者述一事，亦与（二）相类。盖皆草泽铃医之流，托天士以自重也。则请征之其书。

天士无自著之书，身后无锡华岫云，为之辑刻，而岳廷璋成之者，曰：《临症指南》。（正续。）其书杂乱无章，且多纰缪之处。知医者久有定评，无待赘论。此外坊刻医书，多托天士名者甚多，皆他人所伪托也。（陈修园早年著书，多托天士名，见《修园医书》例言中。《景岳发挥》乃无锡姚球字颐真者所撰，坊贾以其滞销，改刊天士名，见《冷庐医话》。《医效秘传》及叶、薛、缪三家医案，为吴子音名金寿者所刻，见《世补斋医书》。又有《本草经注》《本事方释义》及光绪甲午常熟所刻之《医衡》，不知谁所伪作。《荔墙丛刻》中有《叶氏眼科方》一卷，亦题天士名。夫天士者即如世俗所论，承认为名医，亦只是伤寒幼科专家，从不闻其能治眼，乃并眼科方面而托之，可见伪托之众也。以上就予所见言之，实际恐尚不止此。）而以所谓善治“温热”者，误江浙人命健康二百余年，其趋势今犹未已。

“温热”二字之起源，言之可发一笑。盖中国古代医家，皆今草泽铃医之流，其人皆有术而无学，而其术又不尽传。医家古籍，除空言阔论、毫无实际之《内经》外，（以《灵素》为《内经》，其言出皇甫谧，本不足信。且自唐以前，言医者皆不重《灵素》。）惟《伤寒论》稍切实用。然其书实甚粗略。乃自此以后，竟无本之实验著为专书者。自魏晋迄北宋，五百余年，治外感者，皆但奉《伤寒论》为圭臬。而古人所谓“伤寒”，实“外感”二字之代名，并非专指伤于寒者而言。（《难经》云：伤寒有五，有中风，有伤寒，有湿温，有热病，有温病。盖以偏名为全名也。外台许仁则谓方家呼天行病为伤寒。）后人又不能解，于是无论所犯何病，辄以《伤寒论》中之桂麻等方治之，盖杀人如草矣。迨刘河间出乃稍变其治法。世遂有伤寒宗仲景，温热法河间之论。夫以中国之大，天行病种类之多，而治之者，仅知《伤寒论》中治太阳经病，及河间所立之两法，既已不成事体矣，而举世宗之者又数百年。崇祯辛巳（公元一六四一年。）南北直及山东浙江大疫。医生以成法治之多死。有吴又可者，目击心伤，乃新著一书名《温疫论》，以明旧法之不可恃，医家又翕然称之。然又可所论，实崇祯一时之疫，非可执以治后此之外感病也。于是医家沿用其法者，又多无效。江浙地较湿热，天行病尤盛。医家之殚心于此者较多。而温热论兴焉。南方医家之言温热者，在苏则叶天士为大宗，在浙则王孟英其巨擘也。而稽其来源，真乃可发一笑。天士生平未尝著书，前既已言之矣。其论温热之作名《温症论治》者，首刻于《吴医汇讲》中。（为当时一种不定期之出版物，如今之杂志然。此物在中国杂志界则可称鼻祖矣。）谓叶氏弟子顾景文，侍叶氏游洞庭山，舟中记叶氏之语，而主此《汇讲》之唐笠山，为之删润其文词者。厥后华岫云辑《临证指南》，亦刻此篇，名为《温热论》。二书词句虽异，而大旨则同。当时江浙论温热之医家，蜂起者尚多，其宗旨皆与叶氏相出入。（其书多托之名人，而实多伪作。）迨王孟英出，乃悉罗而致之，以成一书曰《温热经纬》。故此派温热之论，实可谓至孟英而集其大成者也。叶氏之论，以“温邪上受，首先犯肺，逆传心胞”十二字为宗旨。所用者皆一派不关痛痒，绝无效力之药。（江浙医家，至今犹有一派，无论治何病皆以一派不关痛痒之药，敷衍塞责，谓之叶派。）平心论之，江浙所谓温热者，实与肠窒扶斯相类。（旧皆径以为肠窒扶斯。大前年上海同济医院，有一德医，检验六十四患者，证明其病菌与肠窒扶斯异，然仍未得有特效疗法。现在治法，仍与肠窒扶斯相类。）其病皆因热度太高而死。（因他症致死者颇少。）《伤寒论》中白虎承气等汤，究竟犹略有解热之效力。自叶派出尽易以不疼不痒之药，而死者益多矣。江浙医家乃以此盛自夸诩曰西医不能治温热。患温热者，兹延西医必死。此说在江浙，几为牢不可破之天经地义。予初亦疑焉，继而详加考察，乃知此病之不救，多由温度太高，及其时间绵延太久，（此病为阶级热。）营养不足致之。西医退热之药，远较中药为胜，且尚有营养疗法，以接续其体力，中医则皆无之。故中医束手之温热，延西医犹或可救。西医不治之温热，延中医决无生理也。但以此告人，必遭唾骂而已。

江浙中医之程度，平心论之，自较北方中医为高。然其学既绝无合理之科学为根据，则程度之高低，正无所择。而近者江浙医学，颇行于京师。江浙医家乃欣欣然相告曰：吾道北矣。夫既无变齐至鲁之功，何必为舍彼就此之计。今日北方之中医，原自请教不得，然已何必遂请教南方之中医也。吾为此惧，敢告北方之同胞。

所谓叶天士者，少也贱，其父故幼科医也。天士少亦业医，人莫之知也。一日张天师过苏州，舟泊某桥下，天士贿其舟人，而行过其桥，舟人扬言曰天师起立矣。两岸观天师船者甚多。问天师曷为起立，舟人曰以天医星方过桥，众哗而视过桥之人，则天士也。自此其术大行。（此事出何书，一时记忆不起，然誉天士者之言，非毁天士者之言也。）平心论之，天士乃一欺世盗名之人，并无实学，而亦无主张，生虽无益于人，死亦无害于人。今日贻误人之书，皆妄人所托，非天士所自为也。乃三百年后犹有托其名以扶乩惑人者，此岂天士所及料哉！然托之者则固足以惑人矣。稍后于天士，距苏州不百里有徐灵胎者，生平批阅医书至千余种。（见王孟英《医砭》序，孟英非阿灵胎者也。）于中医各种，多所通晓。兹言清代名医，此其庶几，然绝无提及之者。固知崇拜偶像，亦有程度也。

今日江浙中医，亦有兼言西医者。其所奉为枕秘者，则四川唐某所著之《中西医经汇通精义》也。此书有石印本，价亦不昂。同学中有因功课繁重，觅消遣之资者，可买一部阅之，其妙解之颐，胜于《笑林广记》等万万也。

佛教说法，贵乎应机。在今日科学思想勃兴之时，允宜弘扬教下三家，（天台、法相、华严。）阐明大乘哲理。禅宗净土，原不失为修证之法门。然既皈仰此两宗，则宜实行修证，不必徒腾口说。纵使真有所得，然禅宗易使人疑其掉弄虚机，净土易使人疑其堕入迷信说法而不应机，非徒无益，而又有损，况所说者粗浅不足道乎？近世皈心净土者，莫如杨仁山居士。然日本有专揭念佛而遮拨他宗者，居士即诒书诤之。谓将使聪明才智之士，弃佛教如弁髦，珍外道如拱璧。（见等不等观杂著。）可见言佛教者，修证固勇，哲理一方面亦不容遮拨也。

其第二事使予感触者，则为风俗之大变，淫业之日盛。某县素为富庶之邦，而今也，竟为姨太太之出产地。大家闺秀，多有粥为人妾者，而表面上复讳言其事。假有某甲，粥其女为人妾，则不告于亲戚邻里，直遣之去而已。其亲戚邻里，非不知也，然亦阳为不知也者。后此过某甲家，即绝口不复提及此人。而此女自粥为人妾以后，亦永不能复与其母家之戚族邻里往来。此直将人逐出于社会之外，而专为一“重婚者”之玩物。天下事之可惨可伤，孰甚于是？人孰不自爱，孰不自为其终身计？父母孰不爱其子，孰不为其子计久长？亲戚朋友，孰无相哀念之情？而竟忍而出此，谁为之也？

又如某县，声名文物之邦也。其女子以通文墨、解书史闻于社会者，代不乏人。今也，县城中某街，向为绅士聚居之所者，大家妇女，可召至客栈中夜合者凡十家，阛市皆知其氏名，其他不甚著名者，尚不知凡几也。十年以前，城中客栈，寥寥二三家，皆甚湫隘。今则踵起者四五，皆洋楼高耸，电灯如昼，问何来如许旅客？曰：十之三以宿旅客，十之七以作阳台者也。且遇旅客甚不欢迎，谁为为之，而至于此。

诸君，亦知今日有一极大之势力，压迫于吾人之头上乎？此势力为谁？曰"经济的压迫"是也。持唯物史观之论者曰："非意识决定生活，实生活决定意识。"此不易之论也。（非难唯物史观者，谓其但取经济的原因，而置他原因于不顾，非也。社会现象，本唯一而不可分，曰某某现象云者，特为研究之方便，强划其一部分而为之名云耳。其本体既唯一而不可分，则任取其一部分，但能研究深切，皆足以见其全体。所谓"一多相容"也。）持道德论者，睹淫业日盛，必咨嗟太息，曰："风俗大坏矣！世道如江河日下，不可挽矣！"而不知非也。人之道德，古无以异于今。九皇六十四民，淳淳闷闷之时代不加善，今日不加恶也。今日卖淫之妇，其道德，犹向者之节妇烈女也。无豪末之分焉。是何也？

请问人之道德，果为何物？世固有功盖天下，泽被生民，而论世之徒，目为小人者。亦有措置乖方，害人偾事，而论世之徒，目为君子者。是何也？即以现在论，固有有利于我之人，而我与之感情不洽者矣；又有无利于我，且时时贻累于我之人，而我心中好之者矣。明明不能作一事，而世固共称之曰好人。明明极有才干，而世固共目之曰恶人。然则所谓是非好恶者，果以何为之准？而所谓道德者，果何物也？曰：所谓道德者，无他，“社会本能”而已。社会本能四字，自生物学上诠释之，其词颇繁。今可简而言之，曰：孔子之所谓“仁”，佛之所谓“慈悲”，则生物学家之所谓社会本能也。更明白言之，则无论对于何物，皆有一“牺牲自己，以利他人”（包社会言。）之心而已。更简而言之，则“利他心”而已。此心也，语其本体，为古今中外之人所同。（且为一切生物所同，又生物与非生物，本无明确之界限，故直可谓此心充满虚空也。）而其表现之形式，则随时随地而异，无两人相同者，然其本原则一也。缺此本原者，无论其形式若何，终不得以冒道德之名。故曰：道二，仁与不仁而已矣。叔本华曰：“人类之所谓道德，惟慈悲二字，可以当之，其余皆非。”见及此理也。吾国哲学家梁漱溟曰：“‘道德之为物’，有其‘质素’。形式虽异，而其‘质素’则历古今中外而不渝。”（见梁君与《新青年》杂志社论其父巨川先生自杀事书。）指是物也。

今有慈母，其子读书谈道，则奖励之。为盗取财，则笞挞焉。其形式不同，其质素同也。子欲食甘旨，虽饥，必忍而分焉。欲饮鸩而止渴，虽渴将死，必覆之矣。其形式不同，其质素同也。然则吾谓今之卖淫妇，其道德与向之节妇烈女无异，可知已矣。向者有女，许字人，未嫁而所字者死，女自杀，人将称其父母矣。曰：是善教其女也。今也不然。虽有十女，舍身殉夫，人不之称。而惟饮食侈靡，衣服丽都者，见称于社会焉。欲衣食其父母，刺绣文孰若倚市门也？向者妻淫不制，则亲党羞之，朋友将与绝交焉。今也不然，褐衣疏食不厌，虽妻女为秋胡之妻，无益也。靡衣美食，而更能以其余时时润泽人，人孰不慕与之交。然则妇之挚爱其夫，而欲乐利之者，宜何择也？此特举一端言之，其他百事，靡不类此。故利诱威胁，谋为议员者，见称于社会矣。守正弃权者，人皆讪笑焉。曲学阿世者则荣，如鲁两生者则辱。诈欺惨毒，阿谀无耻者，众共称导之。慈仁恻怛，然诺不苟，有所不为者，一国之所弃也。夫岂不知其所善者之为恶，所恶者之为善也。然既比而亲之矣。而曰：是人恶。是自承其比之匪人也，则明知其恶而称颂之。既疏而远之矣，而曰：是人善。是自承其恶直丑正也，则深文曲说以诋之，虽造词诬蔑不恤焉。非乐如是，不得已也。所谓不得已者，何也？

人莫不欲生存。人之欲亦多矣，而生存为大，最亟。人之生存，不能离乎物质。而今也，欲求得维持生存之物质甚难，求获得维持生存之物质，非如是不可，则为之矣。所谓不得已者也。夫岂无不食嗟来蹴尔之食之人，然是人也，若千年而后一见，通天下能有几人？君子而欲自淑其身欤？为伯夷叔齐可也，为颜渊可也，为介子推可也。若欲善斯世之人，则必别有其术也，操此等空论无益也。

且夫善恶而恶善者，岂尽明知其所善者之为恶，所恶者之为善哉？彼于其所亲接之人，（即对于个人。）其本原之地，有无道德质素，固能窥之。（此事必不能欺人，无论如何智巧，不能以欺极愚拙之人。）知其恶而犹善之，知其善而犹恶之，不得已云尔。若泛论一般之事，则彼固以善者为恶，恶者为善，是何也？曰：社会之舆论，恒为其所要求——表面之舆论，恒为其里面真正之要求。（吾尝见依人而食者矣。岁出巨资，以豢游手好闲之宗族戚党者，彼所善也；昏愦胡涂，其财可诳而取者，彼所善也；能照应同乡亲戚之官吏，彼所善也；其他一切不问。）今也大多数人，皆救死而不瞻。社会之所求，（里面真正之要求。）救死之策而已。救死不瞻之世，更有何希望？有何荣誉？供给生活物质之丰富而已。能救死，能获得丰富之物质之行为善之，而不然者恶之。所善者安得不在阿谀无耻，诈欺惨毒之流？所恶者，安得不在慈仁恻怛，然诺不苟，有所不为之士也？然既有此要求矣，安得不成此舆论？3+3安得不等于6也？

然则吾国人之生活，何以若是其困难也？曰：有一大势力来压迫之。此势力为何？曰：诸君请看，“着土布之人，改着洋布，乘骡车之人，改乘汽车或东洋车，点油灯之处，改点煤油灯或电灯。……即此势力侵入时也”。此势力之侵入，人恒欢迎之。及其后，乃哀号痛楚焉。然亦有一部分人蒙其福者。

诸君将曰：此今日外货输入为之尔。若一切皆吾所自为，财固皆在国内也。何尤贫？虽然，今有外国织布厂，以百人之力，织布输入吾国，其力可当吾国五百人，则五百人者失业矣。使此织布厂而在本国，诚必招本国之百人者从事焉。此百人与向者之苦乐如何姑勿论，彼四百人者，其失业如故也。夫此百人所生之财之量，岂减于向者之五百人，其财亦诚在国内也。然于此四百人何欤？此其问题，不在生产方面也。

论者必曰：资财贵能运用。今假有千斤，以其半分配于佣工，以其半分配于企业家，则企业家之所运用，得五百金焉。若以八百金分配于劳动者，劳动者不能运用资金者，则此三百金为妄耗矣。而不知人之用财，必先其“必须”，次及“适应”，最后乃及于“奢侈”。假以此三百金分配于劳动者，劳动者将用以美其饮食衣服焉，则身体健康，而劳动力增大。获其利者，普通之饮食店、布店也。将用以教育子弟焉，则国民之程度增高，而将来之劳动力增大。获其利者，书籍店也，纸张笔墨店也，仪器玩具店也。彼未暇乘车而驱驰，前歌后舞，以极人生之乐也。假以此三百金者，分配之于企业家，彼饮食衣服之费，无待于此也。教育子弟之费，无待于此也。彼更用之以企业，善否如何姑勿论。抑吾闻之，人生经济之欲望，以消费为最终之目的，岂有终其身于企业者？人固有终其身于企业者矣，继之者则如何？一定之资财，掌握之于一定之人手中，岂有能终于企业者？岂有能不为一度之消费者？假用之以乘车驱驰，前歌后舞，则如何？所利者谁也？此所利者为生产事业乎？抑普通之饮食店、布店、书籍文具店为生利事业耶？然则企业家能用其财以生利乎？劳动者能用其财以生利乎？夫殊不知劳动者之才识，不逮企业家，其如此事不关才识何？

然则今日之经济组织，而能得一妥善之法，一切道德之形式，遂可恢复旧观欤？曰：旧时道德之形式，旧时经济组织之产物也。若能恢复旧时之经济组织，则旧道德之形式，不待复而复。若徒能得一妥善之法，而未能复旧，则未敢言也。然则旧道德之形式，竟不能复，如之何？曰：昔者人民有罪，惟官吏轻重之，莫敢争，此亦一“道德之形式”也。故郑作刑书，而叔向诤之。晋铸刑鼎，而仲尼非焉。以汉以后法律之发达，成文法至千余，笺注法律者至数十万言。使仲尼、叔向见之，岂不流涕？其如人莫不欲生，莫不求乐。周以前社会组织，不适于汉以后人之生活何？（未完，下缺。）

（原载于《沈阳高师周刊》，1920年）

连丘病案

“出郭门六七里，坐在豆棚瓜架之下，和农夫野老闲谈，这班人有何知识？然而地方官的好坏，却从他们的口里，可得而知。”

这是从前人的话，这话确有道理，地方官所怀抱的政策，庸或非愚民所知，然语其究极，总不外为人民兴利除害，这是人民自己的事，自己的利害，当然只有自己可以觉得。固然，牺牲目前的小利，以谋将来的大利，忍受目前的小害，以避将来的大害，庸或非愚民所知，为地方官者而果怀抱如此政策，一时或不免转以召谤，然而这不过是一时之事，假以时日，利害总要予人以共见的。况且大家喜欢用“愚民”两个字，其实人民哪里真愚？更无尽愚之理，所以见其为愚，只是苦于他们没有受教育的机会罢了。为地方官者，果能剀切劝导，他所行的政策，无论理论如何深奥，利害如何复杂，人民也总可以明白得几分的。还有一句话说得好：“话的为人所信与否，不在乎其所说的话的好坏，而看说话的人信用如何。”同是一句话，这个人说了，没人相信，那个人说了，就大家奉为金科玉律，这是常见的事。所以做地方官的人，要是真有爱民之心，清勤之实，他所行的政策，即使人民不能了解，亦会因其人格的信仰，而信仰及其政策的。所以人民决非不能批评地方官，而地方官的好坏，到底要以人民的批评作标准。这正是民治主义的原理，地方官的可以民选，就是为此。

同理，医学是专门之学，诊断和治疗，自然非（一）病人、（二）病人的家属、（三）亲友，即所谓“病家”者所知。然而病家的责任，本不在乎诊断和治疗，而在乎医生的去取。决定医生的去取，固然不能离开医学，究与医生所应知的医学不同，况且医生的去取，并不是专决之于医学的好坏，也要看其（一）人格的高低，（二）对病者有无同情心，（三）治病肯负责任与否，（四）是否不过于贪利等待。这些，都和医学知识无涉。所以病家虽无专门的医学知识，还是可以去取医生的，而就觗衡的原理立论，去取医生之权，还正应操诸病家之手，老是抱着一种夷然不屑的态度，对于病家的批评，一句也不肯接受，不是自私，便是无知了。医案是供给医生的参考，做治病的殷鉴的，固然有很大的价值，病案是供给病家的参考，做去取医生的殷鉴的，我以为也有同等的价值。

我的故乡，今名下邑，古号连丘。我从兵灾起后，避居下江者六年，到三十一年八月一日，才从下江回到连丘。这在我所做的《两年诗话》中，已经说过一个大概。我的家庭，极其简单，只有我和我的妻、我的女孩三个人。从回到故乡之后，就住在连丘城里。我和我的女孩，却又到乡间学校里去教几点钟书。这话，在《两年诗话》中，也已经说过了。三十一年八月二十二日，我们将要下乡，因为乡间的饮食，未必洁净，想打一次霍乱和伤寒的预防针，或则内服些伐克辛。在战前，我们是有好几位相熟的医生的，这时候，都已飘零异地了，更不知有哪一位医生可找。有一位姓申的医生，小时候，住在我堂房弟媳妇的母家的，这时候在连丘城里，也还说得着，我和我的女孩，就同去找他。

当我们找到他的时候，他说："注射的疫苗已无。内服的伐克辛，是有两服在这里，可是距离失效的期间，已经没有几天了。失效的期间，未必能扣得真准。在失效期间以前几天的药，我不愿意卖给你们。"我们觉得他的态度，很为诚实，从此，我们就认得了这位申医生。

疫苗没有注射，伐克辛也没有服，因为我们对于饮食，十分小心，霍乱、伤寒，都给我们避免了。然而乡间的蚊子实在多，这较诸虎列拉和肠窒扶斯，更难预防，我终于害起疟疾来了。这事在三十一年十一月初七日。

说到疟疾，我就要追溯到四十年以前，说几句老话。医家的习惯，称人第一次所害的疟疾，谓之"胎疟"，总是较重而且历时较久的；第二次以后，就不然了。我的害胎疟，还在我七岁的时候，是和我的姑母，同时发作的。我的姑母，年纪虽比我大许多，所患的却也是胎疟，两个人的病，差不多同时而作，也同时而止，都是起于初秋，而愈于冬季，实足有五个月。当时替我们治病的，有好几位，都是连丘的名医，而竟束手无策，坐视其历时如此之久，人都病得虚弱不堪。那时候听人家说："这还不算久，疟疾竟有害到两三年的呢。"十四五岁以后，渐渐见患疟的人服奎宁或者奎宁丸，都是不久即止的。我以为中国是没有治疟的药的了。二十一岁，我和我的妻结婚。我的丈人，是喜欢读医书的。他虽不行医，却因他随处留心，经验也很丰富。他少年时候，是住在浙江的。他和我说："中国治疟的药，只有常山、草果是灵的，但其性质极为克伐，不可轻用。"我才知道常山、草果之名。后来我的女孩，在三岁半的时候，害起胎疟来了。奎宁末她怕苦不肯服，奎宁丸则咽不下去，寻常治疟的中国药，是明知其无效的。正在无可如何的时候，恰好我有一个表弟，是学中医而生长在福建的。他对我说："常山、草果，浙西的医生，见得害怕，福建的医生，是用惯了的。从没见服常山、草果的人，寒热发到三次以上，也从没见有什么流弊。你别胆小，我可保险。"因为他胆大，我和我的妻，胆也大起来了。就请他开了一张方子，给我的女孩服下去，果然，寒热应手就住了。我才知道常山、草果之灵。后来我有一位族叔，也害起疟疾来。他的疟疾，几乎近于恶性。服奎宁丸无效，服中国药也无效。我又有一位族祖姑丈，他在少年时，是落拓不羁的，人都称他为"水五爷"。晚年家道中落了，乃藉行医以自给。他的诊务颇忙，然因习惯所在，每天总得到茶馆里去喝碗茶，和不相干的人，谈些不相干的话。有些人，就到茶馆里去找他看病，他倒也不拒绝。我这位族叔，也是到茶馆里去找到他的，事有凑巧，这一天，我也因有事情到这茶馆里，只见水五爷对我的族叔说："你的病，柴胡是无用的了，非用常山、草果不可。"一句话触动了我的好奇心，隔一天，便去省我的族叔，问他服药的结果，果然，寒热又住了。这时候，我很相信常山、草果，以为其效力还在普通的奎宁以上，因为普通的奎宁，是不能治恶性疟的，这一次我族叔的疟疾，虽不能断定其为恶性，然曾服奎宁丸而无效，则是事实。

避地下江之后，奎宁渐渐地贵起来了，虽然比现在还便宜许多，穷人害疟疾的，已经觉得吃不起来了。我有一个朋友，唤做秦君和，他是在老泰西药厂里服务的。有一次因饭局遇见，我便把以上的话，述给他听。我说："现在奎宁贵了，你们何不就常山、草果，研究研究呢？"他说："常山、草果么？日本人早研究过了。草果是无用的，能治疟的只有常山，但其治疗之有效率，只百分的六十余，而奎宁之有效率，为百分之八十余，所以日人便弃而不用了。"他这话自然是不错的，但是我以为："当这奎宁价贵的时候，有这功效稍逊的常山，总还胜于别种药。而且《本草》本说常山是治凡寒热的，并没说专治疟疾，或者于治疟之外，还有别种用处，亦未可知。"所以对于常山想遇机会则加以研究之心，依然未改。

到这一年十一月初六日，就是我害疟疾的前一天了。我在小虔庙我任课的学校里，和同事铁俭明君夜谈。铁君是患疟新愈的，他却并没有服奎宁。他和一位泉医生同住，泉医生的儿子，是拜铁君做干爷的。这种关系，连丘话称为"寄儿亲"，是颇为亲密的。泉医生这一次，共给铁君开了三张方子，第一、二张都是用草果的，服后无效，第三张方子用常山做引，服下去寒热就止了。我听了铁君这一番话，异常兴奋。在这医荒药贵的时代，而有能用常山的医生，出现于浙西，那真是患疟者的福音了。

到明天，就是我害疟疾的这一天。午后课罢，我到离小虔庙一里半路的下隰镇去看一位朋友，这位朋友，唤做严位人，也是一个医生，他就留我吃晚饭，他又约到一位朋友，唤做韩贡伦，是在下隰镇上开设药铺的。席间谈起常山、草果的问题来，韩君说："常山确能治疟。"他背得出一张常山治疟的方子。他说："这张方子，乡民力不能延医而患疟的，很有服他的人。现在乡间买奎宁丸，起码三元一粒，并不是好的。这种奎宁丸，要吃到疟疾不致再发，至少要六十粒，就得一百八十元，若吃这张方子，无论如何，药价不会满十五元的，这是不及十二分之一了。"我听了这话，也觉得很兴奋。在当时，本想席散之后，把他这张方子录下来，无如席尚未终，忽而觉得全身倦怠，食思不振，连终席都是勉强的，更说不到席散之后，钞录医方了。当时匆匆回到学校里，不到半小时，就大发其寒热，直到明日黎明才退。

这一次的寒热，在自觉的征候上，是很容易辨明其为疟疾的。我在乡间，本来兼两处学校的课，一处是小虔庙，一处是泊堤镇。我每逢星期四，从泊堤镇到小虔庙去，星期日则从小虔庙回到泊堤镇。这一天正是星期日，我依旧回到泊堤镇去。到晚上，又发了一个寒热，初九日依然如故，那更明是疟疾无疑了。初十日早寒热退后，我便回到连丘城里。这时候，我虽抱病，依旧非常兴奋，我颇有以身试药的决心。到家后，吃了两条油条，便直走到泉医生家里。我知道医生的通病，非有特别关系，或者他是初行医道，要巴结生意，是不肯多谈话的，甚至连听话也厌烦。泉医生我是素不认识的，他也行医道有年，颇有名誉，决不在乎做这个把病人的生意，我知道这种关系，所以特先走到铁君家里，这时候铁君不在家，我便请铁君的夫人，郑重介绍，说明"铁君的疟疾，经其用常山治愈，我也患了同病，所以特地前来请教的”，然后请他诊视。这时候，我要请教泉先生的，是（一）在学课及经验上，常山到底主治何种寒热？其应用的范围如何？（二）《本草》说它有毒，又说中虚的人不宜服，这大概是大家畏忌常山的缘故，究竟其说确否？又何种现象，谓之中虚？（三）医家每言寒热不可轻截，即常人亦知道此说，依我的意思，寒热无不可截止之理，且以能截止为佳。医家所以有不可截之说，而常人也多相信，似乎是因寒热虽止，其余的征候，不能忽然痊愈之故。但何故不可先治其寒热，然后徐理其余诸症状？这到底容易了，人也少受些伤。我想发这三条疑问，自然先得把我对于常山之所知，即前文所叙述的，先说一个大略，我的说话，自信是简明而有条理的，前文所叙述的，口说起来，不过五分钟到十分钟罢了。经过铁夫人的郑重介绍，我以为总有一个给我发表意见，解决疑问的机会。谁知话未及半，泉先生已经露出不耐烦的样子，他伸手便要替我诊脉，依我的性质，这时候实在要拒绝他，说等我说完了再行诊脉。然而这在礼貌上未免有些不宜，只得伸手给他诊视。他一面诊，我仍一面说。他似乎不甚注意。我受了这个挫折，说话自然要慢一些了。到我把对于常山的所知叙述完毕，他已在提笔开方了。我知道三条疑问，没有提出的机会了，只得坐着静候。他把方子开完，递给我，说“吃两帖”。我把方子一看，其中并无常山，我便问他：“我的病，为什么不能吃常山？”他说：“先得使你的病成为疟疾。”这句话，真使我如堕五里雾中了。医生还有使某病成为某病的能力？而且还有使某病成为某病的必要么？我自然要问他：“如何叫成为疟疾呢？”他说：“那便是成为疟疾。”这我更胡涂了。我笑着问他："不成为疟疾，则如何？"他说："那要成为温病的。"我知道没得说了，便怀了药方告辞。我想他给铁俭明吃的药，是第三剂用常山的，对于我或者也是如此。我先吃了两帖药，到第三帖药，至少是换过一张方子，到第三张方子，总得使用常山，我的寒热，总该可截止了罢。回家路过药铺，便把那张方子，赎了两帖。回到家中，我的妻本来是反对在奎宁之外，别觅治疟之药的，我也想：即使要研究常山，也没理由用如此愚笨的法子。我就再跑到药铺里，把两帖药退掉，回家自服奎宁，当天就把寒热截住了。

这时候，我追想到小时候所读的古文，有几句说："江河所趋，百川赴焉，蛟龙生之，及其去而之他，则鱼鳖无所旋其体，而鲵鳅为之制。"觉得很有味。所谓风会，确乎是有的。一种学问之将废，并非其学问的本身遂无可取，而只是人才不出于此途，其学问遂不能刷新，与时俱进，久之就变为无用的了。为什么人才不出于此途呢？那便是风会为之。且如现在，对于一切科学，肯置诸不闻不问，而只以读几句旧医书为已足，这种人岂能成为人才？聚集这种人以从事于中医，中国的医学，就有无穷的宝藏在内，又何能发扬光大呢？

我是素有偏信西医之名的，其实不然。"西医有西医的长处，中医也有中医的长处"，这两句话，我是深信不疑的。这两句话，似乎是调停两可的话，其实又不然。西医的长处，只是受过科学的洗礼。但是（一）科学的范围太大了，一时谈不到应用的问题，所以西医的科学方面，虽然日有进步，而其治疗方法，并不能与之俱进。（二）而西医，因其以科学为立足点之故，不免稍偏于物质方面；又因其分科太细，不免偏于局部的个别治疗，而缺于综揽全局的通盘计划。无生命的机械，可以如此修理，有生命而各部关联又极其微妙的人体，似乎是不能的。（三）因其以科学为立足点之故，极注重于攻击病原，这固然是极彻底的办法，但有时攻击病原，人体亦因之受伤，而其弊又见于别一方面，反不如对症治疗，而听其病原自行消灭之为得。中医虽然不知生理，更无从知道所谓病原；物理、化学等科学，也一无所知，其议论的荒谬，有时候听了要令人失笑，然而（一）积几千年的经验，（二）聚集各地方的方术和药物，在治疗上，确是不无可取的地方。理论虽然荒谬，事实确有可取，这正合着孙中山“行易知难”的一句话，天下事这样子的很多，正不独医学。平心而论，现在的西医，除有特效药和需用手术的病，其治疗成绩，是并不会胜于中医的，而且还有不及的地方。这都是近代已通西医，觉得不满足，回过来再研究中医的人的话，其说确有道理，并非夜郎自大之谈。所以中西医各有长处的话，我是深信不疑的。但是就中西的医学，加以比较，是一句话，比较眼前的中医和西医其人，又是一句话，这截然是两回事。谁说中国的文学不如西洋？然而取一个仅识之无的人，来和西洋的文学家比较，而说其作品一定互有短长，有是理乎？现在的西医，固多学识浅陋，技术拙劣，然除护士出身和药房伙友外，要是正式在学校里毕业的，到底要读几年书，略知道一些科学的门径；而其诊断和治疗，也略有规矩法度可循。在中医，就连这点最小限度的限制，也没有了。两利相衡取其重，两害相衡取其轻，所以我害了病，是宁可请教西医，不请教中医的。这实在和中西医学的评价无涉。然而旁观的人，就都说我是偏信西医的了。

疟疾愈后，不久，我又害起胃肠病来，这是三十二年二月二十一日的事，大致是因旧历岁尾年头，饮食不免过量之故。先几天，身体就略有违和的状态，我也未以为意。这一天，我从家里到泊堤镇学校里去，到校之后，就觉得疲乏，吃了晚饭就睡下，昏昏地睡了一夜，到明天，又是如此的一天。此时的温度，其实很高，不过自己也不觉得有什么，二十三日晨起，热稍退，乃回到连丘城里家中。这一次的病，是请申医生诊治的。他初诊时，疑心我是肺结核病。这是去题万里，无论从哪一方面看，都不会有这道理的。于此，我不能不批评现在的西医，在诊断上的常识太缺乏了。这使我记起一件事，当十六年秋冬，我在下江昭夏学校的时候，有一位同事，唤做殷俊孙，他是有肺结核的，可是症状并不严重，他自己也不甚在意，还是接受我的劝告，才延医诊治的。十七年春末，他又害起麻疹来了。未曾发疹之前，先发了两天高烧。这时候，固然没人知道他是什么病，然就其症状而论，决不是肺病的热，则是人人可以知道的。替他诊视的，是一位昭夏学校的校医，替他诊视肺病，已有多时了，却固执着是肺病的热。好几个人对他说："决不是的。"他都夷然不屑。到第三天，麻疹发现了，他才承认是误诊，然亦并不视为重大的错误。据我看来，则这种误诊，已属奇怪，已经发觉其错误，而还看得这种错误很平常，就更奇怪了。闲话休提，言归正传。申医生替我诊视了三次，才疑心我是胃肠病，他试用一次甘汞，一泻之后，果然热势低减了许多。再进一服，寒热就全止了。这一次的病，虽然是治好了，我却只认为碰运气，而其间还有一件很危险的事。

当我服甘汞的时候，是申医生写了方子，我的女孩替我到药房里去买的。我的女孩，虽不知道药的分量，然而看来似乎觉得太少。于是问他："这种药的分量对么？"他不但说是对的，而且还取出算盘来，的答的答地一算，说："这分量一点都不差。"我的女孩，总有些疑心，想向医生问一问，就向他借电话一打。他说："我这里的电话，是向来不借的。"正在相持不下之际，事有凑巧，申医生乘车从门外走过，我的女孩，忙唤住他，把药给他一看。申医生说："这药的分量，只有我所开的六分之一。"药房中人，那才瞪口无言，然而他也并不觉得惶愧。后来我看见申医生，对他说："这件事太严重了，究竟连丘的药房，哪一家靠得住？"他说："都是一样的。"我说："你们做医生的人，如何不联合设法整顿呢？"他说："无法可想。"其神色也很淡然，似乎是司空见惯了。

我的胃肠病好得不久，我的妻又病了。我的妻，在去年夏天和今年夏天，各害了一场大病。在当时，我也莫名其妙，到现在，才有些明白。虽然我不是医生，不会诊断，却由此所推想，似乎较当时医生的诊断，还要近理些，惜乎在当时，我也并不知道，直到最近向一位朋友借阅一部医书，才有这个推想。原来有一种病，是工厂里的女工最易犯的，称为工厂里的疲劳病。它的症状，是呼吸迫促，肋部疼痛而发寒热，很容易误诊为肋膜炎。还有一种疲劳病，是因气候的变化而容易发作的，以湿热的时候为多。我的妻的体格、呼吸系统，是很健康的。在这一场病以前，几乎除伤风之外，从不咳一声嗽，而伤风也是很难得的事情。消化系统，却不很健全，每到夏天，则食欲不振，消化不良，且发轻微的寒热，要到入秋方愈，如此者已有十年了，虽然轻重不等，性质总是一样的。三十一年，我们从下江归来，奔走得很劳苦，她的病情，倒轻减了些，这或者因胃病是神经性的，这一年的生活，最为异常之故。说到疲劳一层，在战前，我家里本有三个使唤人：一个是厨夫，一个是女仆，一个是丫鬟，事情不大要自己做。从旅居下江以来，就只有一个女仆了。可是在下江的时候，房屋小，亲友少，倒也不见得如何繁忙。从回到连丘之后，情形又不同了。房屋虽说是炸毁了，新盖的仅有三间，加以后来收回出租的房，共也不过八间，毕竟比在下江时多出了几间，而且地面宽广了许多，我们又在废基上种了些菜，事情自然多起来，而仍只有一个女仆，自然只得自己帮着做。她在战前，是只会做几种特别的菜和点心的，普通的并不会做，饭更不会煮，可是到战后，什么都会了，尤其是回到连丘以后，佣人没工夫，几乎整天自己守着一个煤球炉子，真是回到厨房里去了。她所心爱的是猫。在战事爆发的时候，我们家里有两只猫：一只唤作梅花，它是一只白猫，头上有一簇黑毛，恰像画的一朵梅花似的，所以唤作这个名字。一只是黄猫，唤作小黄。她在无事时，最喜把猫抚弄。除午晚两餐之外，每天总得买几毛钱的鱼、虾或熟肉，给猫做零食的。这种猫的零食，都藏在一个一定的抽屉里，等到这个抽屉一响，猫就自然会来的。这些事，到现在，自然是不承权与的了。当避地下江的时候，我们三个人，是每人提了一只破败不堪的皮箱，带了几件随身衣服，狼狈不堪地，趁着公共汽车而去的。猫，虽然我们三个人都是心爱的，可是断没有法子带得走，只得把它遗弃了。事后归来，梅花已经化为异物，小黄却还健在，它对我们，依然很亲热。我的妻，有时还忙里偷闲，抚弄着它，说："太太现在蹩脚了，再没有零食给你吃了。"她说的时候，脸虽含笑，内中实含有无限的伤心。"俺二十年岭外都知统，依旧把儿子征袍手自缝"，女豪杰还有这感慨，何况我们无拳无勇的人。人类赖以生活的食料，来源本来有两条路：一条是自己生产，一条是抢夺他人所生产。出血的不肯出汗，习惯于出汗的人，也不会出血。我们早就习惯于出汗了，将奈何？岂能禁所谓朋友的抢夺？亦岂能因不会抢掠而认人作朋友？"残杯与冷炙，到处潜悲辛"，人尚且饱不来，自然猫狗也只有连带着受些饿的了。

我妻的情形，早就有人虑到她要害病，到三十二年六月下旬，果然害起病来了。初起的时候，是腹泻发热，这和后来的病，大概是没有关系的，不过因此而体力衰弱，抵抗力薄，成为后来的病的一个诱因罢了。当时请申医生诊治，不久就好了。到三十日，忽又发起寒热来，其症状极像疟疾。我们这时候，也大意了一些，没请医生诊断，自己吃了几粒奎宁丸。寒热是轻减了，然总没有全住，而且有些咳嗽。因为她向不咳嗽的，料不会有什么严重的病症，所以也不以介意。却到七月初五六，寒热又重了些。才又请申医生诊视。他说："并不是疟疾。这病，大约本来是伤风，因其久而不愈，气管受病，寒热也是因此而来的。"吃了他的药，并不见好，反而呼吸更加迫促，只能仰睡，不能侧睡，侧向右边，更其困难。初九日，申医生又来诊视，断为肋膜炎。他也无甚法想，倒是我的女孩说："我从前患气管支炎的时候，曾经打过钙针，症状即行轻减，现在可不可试打一针呢？”申医生说：“这也使得。”就替他打了一针葡萄糖钙。果然即时见效，呼吸宽舒，侧睡也没有妨碍了。到明天，忽又精神颓丧，不思饮食。又请申医生诊视，也说不出什么来。十一日晚间，忽而作恶，吐掉了不少酸水，人就觉得舒畅了，才知道是胃酸过剩。十二日，寒热又重起来。再请申医生诊视，他说：“肋膜炎的症状，并没有好，非用穿刺手术抽掉其积水不可。”他于是介绍我们进医院。

连丘本有两个医院：一个是官立的，一个是私立的。私立医院的院长姓柳，他的夫人姓荀，就是该院的护士长，和我的女孩同过学。我们自己如其要找医院，总是到私立医院里去的。申医生和私立医院，本亦极为联络，不知后来如何，和柳院长弄得不太圆滑，和官立医院，却来往得很亲密的。他于是一力介绍我们进官立医院。官立医院的院长姓丙。他说：“不妨请他先来诊视一次，然后决定入院与否。”我们就请丙院长和申医生会诊。丙院长说：“积水有半茶杯，非用手术抽去不可。”我们就决意于十五日进入官立医院。

我们的宗旨，是向来不大愿意进医院的。明知道医院的设备，较私人诊所为完备，医生也多些，然而总觉得医院里的医生太忙，因而诊视太潦草。而且我觉得人和人的相与，总该有一个人和人相与的道理的，这便是古人所谓“相人偶”。诊所医生，只要他有些商业道德，对于病家，多少总能够维持一点这种意思的，超过于此的，更不必说了。医院里的医生，这种意思就少了。我常说：医院和诊所，正和学校和私塾一样。学校的设备，岂不较私塾为完备？教师也岂不较多？师生的关系，却比私塾淡薄得多了。所以我们就是相信了医院里的某一位医生，也总是请他出诊，而自己不大到医院里去。尤其是我的妻，她是几十年来，过惯了家庭生活的，对于社会上冷酷的情形，知道得已经不很深，更别说对付了。她有时候，也因为省问亲友，到医院里去，她见了护士和茶房的情形，就觉得害怕，所以更不愿意进医院。这一次，因为抽水手术在院外不能施行，不得已而入院，实在是十分畏缩的。申医生竭力保证，说官立医院的规则，非常良好。他说："当丙院长接任的时候，就和我商量，他问我：医院如何就办得好？我说：这有一个关键的，医院名誉的好坏，倒是和医生的关系浅，而和护士和茶房的关系深。我这话，丙院长很以为然，所以他这医院里，护士和茶房的态度，是比较良好的。"我们听了这话，自然也觉得相当满意。

官立医院里，我们是没有熟人的。这因为我们和现在所谓官立的机关，都不愿意来往，虽然学校和医院，也是如此。这一次因申医生的介绍而进官立医院，在我们，要算是破天荒的了。官立医院里，就只有一位丙院长，是因请其会诊过一次而认得的。入院之后，付了若干住院费，并没有人领导我们去看病房。我的女孩，就向茶房问了一句："丙院长在哪里？"茶房瞪着眼道："他正在午睡呢，我能去唤他么？"我的妻，看了这样子，很不愿意。她在病中，有些肝火旺，几乎要退出来，给我和我的女孩劝住了。后来总算有一位女办事员来，领导了我们，找到了一个房间。

官立医院的定章：头等病房，是一个人独住的，二等病房，则是两个人合住。我们所付的是头等病房费，他们送我的妻所进的病房，却先有一位严老太太住居在内。照章，严老太太是可以拒绝的，否则可以要求减费，因为头等病房和二等病房，并没别的区别的，所不同的，就是独住和合住。严老太太却不曾，我们自然也不要求减费了。严老太太是没有家属陪伴的，我的妻，则白天由我去陪伴，到晚上，则由我的女孩去陪伴。我们带了两个热水瓶去，一个是供给病人用，一个是供给伴病的人用的。院中有一个茶房，是河阳人，依我们的观察，这个人在茶房里，要算最驯良的。可是这一天，他一见了我们的热水瓶，便道："你们一个病人，要带两个热水瓶么？"我的妻一时说不出话来。我的女孩便问他道："你们院里的章程，一个病人，限带一个热水瓶么？"他无言。我的女孩又道："我是伴病的人，你们院里，也是收费的，所收的费，不包括供给热水在内？伴病的人，要自带热水喝么？"他又无言。骨都着嘴，把两个热水瓶冲满后走了。可是以后他送热水来时，非叫他冲两个，他总只冲一个。

严老太太所害的病是胆石。这是后来她改进私立医院之后，诊断出来的，我妻进官立医院时，她住院已经六星期了，还没有诊断出是什么病来。她每天总有一两次，肚子里要发剧痛，非打止痛针不可。院中给她一个揿铃唤人，可是到痛起来，尽你揿着铃，总是没人答应，有时候有人来，来的也是茶房，茶房要去请护士，有时候，护士还要再去请医生，到替她设法止痛时，她忍痛总已好久了。她疼痛得厉害，而揿铃没人应时，在晚上，她便央着我的女孩；在白天，她便央着我，去代她唤人。有时候，我们也自动地代她去唤人，可也是十呼九不应。有一次，我代她找到了一个茶房，我叫他去请个护士来，茶房恶声道："请了小姐来，又如之何？小姐能替她把痛撵去么？"我只冷笑了一声。他踌躇了一会，觉得此事不妙，他大约怕我发起戆脾气来，去找医院里什么人说话，把事情扩大了，他终于去请了一位护士来了。

这些，都是我的妻住在官立医院里的时候，我们的所见所闻，要详细叙述起来，便再写数千言，也还有所不能尽，现在也不必过于烦碎了，且再说我妻的病。我妻进医院的当天，丙院长同一位田医生来诊视了一次。他说："肋间似乎没有多少积水，可以待她自己吸收，不必用手术抽取了。"后来又说："用爱克司光透视一次再说罢。"十六日午前，用爱克司光透视。午后行穿刺手术。一滴水也没有抽出，病人却立刻吐起鲜血来，约十余口方止。我们慌了，忙去问丙院长："这是什么理由？"丙院长说："这是我失于知照你们，行穿刺手术之后，照例要吐几口血的。"我当时听了，便有些怀疑。"肋膜炎，我虽没有见过，却听见过好几个人害这病的，在书上也曾见过，从未闻行穿刺手术之后，必要吐血的。"当时虽答应了，过后越想越疑心，不久，我走出病房，又在走廊上遇见他，我又问他，他支吾其词，说："这不要紧，我总替你们想法子。"不说是当然的了。因为他的说话二三其德，使我更觉得怀疑。

十七日，他们的说法又变了。他们说，我妻的病，肋膜炎已成过去，可是她的右肺有病，病的情形，是肺的上下部都好，而中部为结核菌所侵袭，蔓延颇广，而且情形相当严重，寒热就是由此而来的。我听了更怀疑了。这时候，我们虽住在医院里，还是和申医生较为接近，因为（一）他肯多谈，（二）说话也明白晓畅些。申医生是天天到官立医院去的，有时候，一天要走两三趟，因为请他看的病人，要是须进医院，他都介绍到官立医院去的。是他所介绍的病人，他都到官立医院去，访问访问他们治疗的经过，而官立医院的医生，还不如申医生的有主见，有时候，在治疗上，还要请教于他，这是到后来，官立医院里的护士透露出来的消息。所以他所介绍的病人，官立医院诊察的结果，他是没有不知道的，我和我的女孩，便跑去和他商量，他坚执着和官立医院一般的意见。我却提出几点反对的理由：（一）我妻的体格和她以前的情形以及从遗传上看起来，决没有传染肺痨病的理由。（二）我的妻，因为有疰夏的毛病，在战前两三年，每年夏天，总请医生诊视到二三十次。我们总是认定一个医生，请他诊视的，决没有连丘俗话所谓“贩医生”，即时时换医生之谓的毛病。倘使我们是贩医生的，医生庸或因诊视的次数少，不能精细，现在一个医生，总继续诊察到好几十次，倘使我的妻而有肺病，决没有始终不曾发见的理由。这是说战前的话，在战后，我们请医生诊视的次数是较少了，然而一年也总诊察到好几次，在下江六年，我们所请教的，不过两位医生，他们诊视的次数，也是较多的。（三）肺上下部都好，而中部大坏，这种情形，很少听见，我因此怀疑到官立医院的爱克司光透视，是否准确。申医生说：“既然如此，为什么你的夫人，如此消瘦，而且形容很憔悴。”我说：这（一）由于她病已四星期，而且最初害过泄泻，中间又发过胃病的，而且现在寒热还重；（二）我的妻，向来容貌是丰腴的，近几年，她在更年头中，体格因而起了变化，形容也瘦削了。她从前曾患高血压，近几年，血压及较应有的度数稍低，便是她近年来体格变化的证据，并不能全认为病状。申医生也提不出什么相反的理由，但他还相信官立医院的诊断是不错。我们回到医院里，丙院长又来诊视。他对我的妻说：“你虽有肺病，不要紧，我可以负责替你治好的。在从前，肺病没有根治的法子，现在却有了，那便是医学界最新发明的打空气针，你安心住在这里，过了一个时期，我给你打。”我的妻含糊答应，我听了却更怀疑了。所谓打空气针者，非即人工气胸欤？这我在报纸的广告上已见过二十多年了，何最新发明之有？报纸上的广告，是最会尽情鼓吹的，却亦从没有说人工气胸可以根治肺病，而且害过肋膜炎的人，是不宜施行人工气胸的，我的妻，官立医院里不是一断她是肋膜炎么？就使已成过去，也是刚才过去，如何在医院里住一个时期，就可以施行人工气胸呢？

我们这时候，对官立医院的信仰，实已动摇了，可是申医生说：“你们既来了，总该托他们所能做的诊察方法都做到了，才好出去。”我们想这话有理，于是继续住下去。这一天，就是十七日晚上，病人的寒热增重了，依旧口吐鲜血。医院用一种柳酸制剂。十八日晨，汗如雨下，这一天竟日有汗，温度退到体温以下。食欲较好，身体亦觉得轻健。十八日夜间，虽仍有寒热，而其势较轻，为时亦较短，我们以为病势业经好转了。谁想十九日下午六时，突然恶寒战栗，寒意直到夜间一时方止，热度竟高到华氏表一百零三度。当她发寒热的时候，我们想请医生来看一次，因照例诊察的时间已过，始终没有请到。二十日午前，医生来诊，依然固执是肺病。再三和他说：“这寒热的样子，决不是肺病的。”他们终于不信，而固执着肺病是可以有这样高温度的。于此，又触动了我西医太轻视症候的思想，我想：理学的侦查，固然有很大的价值，然而这和中医的诊察，其实也不过是程度问题。病在人体的内部，是眼睛看不见的，这正和一间屋子，把门窗都关起来，无从知道其内部的情形一样。中医诊察的方法，只有候脉、辨舌，这譬如只会从门缝窗缝中窥探；西医诊察的方法多了，这像在门缝窗缝之外，又能于墙上挖一个洞，屋上揭去几片瓦一样。虽然窥探的法子多了，总还只是一个窥探，于此之外，而更有别种窥探的法子，我们总当充分利用，不可轻易放过的。所谓症候，大都是发现在外面的，这是屋外面的情形，连从门缝窗缝窥探和挖壁洞揭瓦片，都比不上了，然而有时候，其确实的程度，反在前述的几种方法以上。因为前述的几种方法，都是窥探，所得未必确实，屋外的现象，倒是明明白白，予人以共见的。譬如有一间屋子，在外面看起来，墙壁很潮湿，就可推知其内部必有积水，这是十分确实的。所以症候是最要紧的，遇到症候和脉象不符，多数是舍脉而从证。现在西医的治病，有的对于症状，实在太忽略了，譬如我妻的寒热，他们只注意其温度的高低，而始终不问其发寒热时的情景，实在是无此情理的。我和官立医院里的医生，是客气的，怀着这个意见，无从对他们说，而且明知道他们是不会接受的，说也无益，不如省些气力；对于申医生，我们要熟悉一些，而且觉得和他说话，也容易一些，我和我的女孩，便又去访问他，我就把怀抱的意见，对他都直说了。我又说：“认为我妻的病为肺病，依我看，无论如何，总是误诊了的。”他说：“那你认为什么病呢？”我说：“依我看，倒有些像恶性疟疾。”他说：“不然，肺痨病在急进的时候，突发这种高寒热，是可以有的。若说尊夫人的体格不会害肺病，至少不会忽而急剧进行，那身体再好些而传染急性肺病的人，也是有的呢。”他就举出一个河阳人来，说他的相貌怎样魁梧，饭量如何好，气力如何大，肺气如何足，他会吹喇叭，会跑马，会打猎，会赛跑，可是忽而传染起肺病来，进行得很快，竟措手不及了。我想：“你这话更不对了。这种人的体格，算好的么？是适宜于抵抗肺病的么？这从常识上说起来，都有些牵强了。”我怀着这个意见，自然也不便说，我只说：“既如此，她的体力，该消耗得很厉害，为什么直到现在，称起来，比病前还不过减轻了两磅呢？”他听了这话，似乎奇怪，停一会，他说：“官立医院里所能做的诊察的手续，你们都已做到了，如要出院，似乎现在也可以出院。”他又说：“你如其疑心她的病是恶疟，也可以试服阿的平和奎宁。两药并用，试服三天，如其是恶疟，总可以好的了，如其还不好，那就决不是恶疟了。”我想：这也未必是好办法罢。既如此，似不如出了院再说，回到医院里，和我的妻商量，就于这一天出院了。

出了官立医院之后，却怎样办法呢？我们这时候，更没有什么认得的医生，自然要想到私立医院。私立医院里最好的医生，据说是以为以色列人，他译的汉姓是滕，人家都称他为滕医生。佩服他的人说：“他对于肺病，经验是很充足的。他听诊所得的结果，竟和爱克司光摄影之所得，无甚差池。”我妻此时，既有肺病的嫌疑，自然要去请教他了。可是他是不大肯出诊的，而我妻这时候，也实在懒得再进医院。乃由我的女孩，以老同学的资格，去请求荀女士，请她恳求医生来诊视一次，蒙她的要好，应允了。二十一日午后，滕医生便到我家里来，而且蒙荀女士同来，做了翻译。据滕医生说：“我妻的右肺，似乎有些病，然而未必是肺结核。”据他的诊察：“在肋膜炎以前，似乎害过肺炎的，可是这时候，症状已经过去，难于确定了。”他说：“且照爱克司光的相，诊察清楚了再说罢。”我妻在出院之后，仍有寒热，不过减轻了些，他说：“这寒热决不要紧的，你们不必着忙，这寒热是忽轻忽重的，不必去管它，要止的时候，自然会止。”又说：“这病决不是什么重病，你们尽可放心，现在我们医院里照爱克司光相的人到下江去了，你们且耐心等几天，到他回来了，照了相，再定根本办法，现在且用些对症疗法。”因为医生如此大胆，我们也胆大放心了，就一切依照他的话。到二十六日，照爱克光相的虞先生才回来，我们就请他照了一张相，据照相的所得：“我妻的本病，是肺炎而非肋膜炎，她左肺在少年时曾受过结核菌的侵袭，可是早已把它扑灭了。右肺则本来无病，而此次发炎，这时候还留有创痕两处，另一处则是行穿刺手术时刺伤的，创痕宛然，吐血的原因，就在乎此，并不是什么施行手术当然的结果。”诊察明白之后，也没有再服什么特殊的药，不久，我妻的寒热，果然自止，其余的病，也逐渐地退了。

我们这时候，对于滕医生，信仰颇深，觉得他是非常老练的；荀女士，口碑是不大好的，她的老同学，几乎没一个人不骂她，可是我们觉得她的态度，也还不错。到今年，我的妻再患病，自然又要去找到他了。我妻今年的病，是起于七月初的。这时候，气候颇恶劣，住在一所屋子里的人，有好几个都有些伤风，我妻也在其内，既伤风，自然有些咳嗽，后来大家的伤风都好了，她的咳嗽，却始终没有全好，因为一切都健康，也就没有介意。二十五日午后，忽然有些发热，至二十六日早晨退清。午后，温度又高了些。二十七日，没觉得什么，二十八日，却兼发起冷来。于是二十九日，到私立医院去请滕医生诊视，滕医生给了一服蓖麻子油，又给了些退热药。服后寒热轻减，到三十一日，就全止了。咳嗽也轻减了些，而不能全止，泄泻则从服药之后，至此还是不止，我们知道不是药的作用了。因为我妻懒于行动，又要求荀女士请滕医生来诊视了一次。他说不要紧，给了些止咳药。到八月初二日，泄泻和咳嗽都好了，而初三、初四晚上，似乎又微有寒热，初五以后，又加重了。初八日，再到医院里去诊治，滕医生嘱咐验过血再说。验血的结果，说有疟菌，滕医生嘱服奎宁丸。无效。初九夜，寒热又稍重，初十日，我的女孩，到医院里去问他，他说："非注射不可，而且一天得注射两次。"这一天已来不及了，只午后注射了一次，是夜，寒热大重。十一日，再去问他，他说："注射的分量不足，是要刺激了寒热更重的，非一天注射两次不可。"这时候已将近午了，我的女孩赶回来和我的妻再赶到医院里，滕医生说："你一天来注射两次很疲乏，我派人到你家里两次也难，你不如住在医院里吧。"我的妻，本来是怕住医院的，但她相信奎宁治疟是有把握的，以为不过住两三天，寒热止了，就可以出院了，就答应下来。因为荀女士是熟人，住院的手续，是简单的，当时便有茶房来，领着我的妻进了一间病房。房间确好，可是二等的，要住五个人，这在我的妻，是不大惯的。于是又去找荀女士，换了一间头等病房，房间是坏得多了，且喜是独住。头等病房比二等病房，贵七十二元一天，在这个年头，根本算不得什么。我们当时，一者怕同居的病人不安静，二者省得自己的举动，随时要留心，否则要扰累他人，于心也觉得不安，所以掉换掉换，根本是无甚深意的。谁知后来，却觉得这一举很为得计，原来私立医院的规则，虽比官立医院好得多，然而我们住了一星期，仔细观察，觉得茶房对付头等病房的客人，和二等病房的客人，态度也颇不相同，我们多花了几百块钱，免得看许多白眼，也算是值得的啊！

我妻这次住院，还是白天里由我去陪伴，晚上则由我的女孩去陪伴。十一日，即入医院的当天，连打了两次奎宁针。是晚未曾觉得发寒，温度也低减了。十二日夜，却又加重。于是医生嘱改服阿的平。十三日服了一天，十四日仍服阿的平，又加注射六零六。却是寒热依然如故。她的寒热，发时本在夜间十一时半，十五日却提早到下午五时，而且甚剧。医生说："这绝非疟疾了。""那么是什么病呢？"他说："内部必有发炎之处。"可也说不出是哪里发炎。他说："姑用消炎药再说。"于是内服消治龙，每隔四小时，又注射别种消炎药一次，十六日晨，热是退了，却到下床时，左足忽然不能跨步，而且立不住，我们急了，这时候太早，找不到医生，找到一个护士，我想："这和神经似乎有些关系。"便婉言问她："这和打针有关系么？"他也支吾其词，说不出什么来。一会儿，护士长来了，说："叫你们服药，你们不肯服；替你们打针，你们又说打坏了腿。这叫我们如何办法呢？"我说："药何曾不服？哪一次不是照你们送来的药服的？左腿忽而不能运动，究竟是何原因，我们疑心到和打针有关系，不能禁止我们不许问，何尝说你们打针打坏？”她没什么说，走了。这一天，午前用爱克司光透视，午后说还靠不住，再用爱克司光摄影。据透视和摄影的结果，说肺与气管相近之处，略有黑影，其他则看不出有什么病来，而病人这时候，时起恶心，口吐黏液，竟日不能饮食。医生说：“水分减少了，怕要酸中毒。”乃注射盐水和葡萄糖。历时颇久，病人既不能转侧，又不敢睡着，苦痛异常。这一夜，寒热是没有了，而泛恶和口吐黏液，彻夜不止。十八、十九两天，还是如此，病人觉得十分难受，十九日早晨起来，小便忽然全变做血，那我们更慌了，忙去请了护士来。护士长又来了，说：“不一定是血的，且验了再说。”验后说确然是血。“那是什么原因呢？”爱克司光照的虞先生说：“这或者膀胱里有病罢？”滕医生来诊视，并没说出什么来，我们托护士长去问他，护士长不肯去。我们问护士长：“那么虞先生的话，你看怎样呢？”他说：“医生不懂得，倒是他懂得？”我们在这时候，觉得无从说起了，于是说话暂行停顿。

一会儿，护士长又来了，说要打盐水针。病人在这时候，实在有些怕打了，便问她：“为什么又要打盐水针？”她说：“我也不知道，医生说的。”据医院里的人说：“滕医生的脾气，是不大好的，他说什么话，要是护士等问他，他就要发怒。护士等怕碰他的钉子，都不甚愿意和他多说话。”我们到此刻，对于私立医院的态度和滕医生的治疗方法，也开始有些怀疑了，我妻于是想出院。正在商量时，护士长又来了。她说：“你们如不肯打盐水针，就只有出院。”她的态度，是很坚决的，其神情，则不但坚决而已，还颇露出犷悍的样子。我仍诚恳地对她说：“她针打得多了，身上针眼作痛，未免有些怕打针，尤其是盐水针，要久久不能转侧。你们如顾虑到她营养不足，那她本来是能吃的，这几天胃病发了，才不能吃，胃病是神经性的，只消想法子，把她的神经安慰一下，她自己能吃，营养就不成问题了。”护士长沉着脸说：“用什么法子安慰她的神经呢？”这话殊使我难于置对，我略想一想，乃回答道：“我在二十多年前，也是有胃病的，后来用废止朝食之法治好。我的胃病，是胃神经痛，发作的时候，痛得很厉害，总是暂用镇静的方法的。譬如医生给我吃鸦片酒，大约十五分钟，可以止痛，如用抽大烟的方法，抽几口大烟，那不到五分钟，痛就止。”我这话，不过是举一个例，当然不是指派她用什么方法医治，这是无待于言的。这个道理，怕任何人都会明白。谁想她却介面道：“你们要抽大烟么？请到院外抽去，这里是不能抽的。”这时候，我觉得她的态度太离奇了，便反驳她道：“我并不是说要抽大烟，不过举一个例。况且用鸦片做药治病，和抽大烟截然是两件事。抽大烟是犯法的，用鸦片治病，并不犯法。你们现在，难道绝不使用鸦片制剂么？”她没得说，又走了。不多一刻，我的女孩，走到化验室里去，想再和他们谈几句话，她却正在化验室里大发议论，说：“这个病人的病，是不能治的，病人不听医生的话，她的男人又胆小。”这话真不知从何说起？我的女孩，也没驳她。她却又说：“他们现在，倒想抽大烟了，我们这医院，能抽大烟么？”听到这里，我的女孩忍不住了，便道：“我们何尝说要抽大烟？我父亲的话，难道你都没听清么？”便把我刚才和他的问答，述了一遍。拍爱克司光照的虞先生听了，点一点头。

这一天，我们就出院了。出院之后，请一位留逊其医生诊治。留医生的父亲，本是我的至友，因为他初行医，所以一时没想到他，这时候想到了，便请他来诊视。他说："从前的病，或者是肾盂炎。疟疾怕是误诊了的。因为私立医院近来换了一位化验员，这化验员，听说年轻资浅，技术不大可靠。至于便血，则或者是消炎药追得太急，尤其是紧接着六零六注射之后，以至于此。"留医生和我们，是很亲切的，本可径请他医治，苦于他和乡间一个施诊所有特约，明天一定要下乡，于是不得不再想医生。私立医院里，有一位护士，唤作侯民节，她和一位文端玉女士是亲戚，这文女士，既是我妻的义女，又是我女孩的同学，侯女士对我们颇为亲切，我女孩便去请教她。她介绍了一位全医生，说："他医道还不错，而且他的父亲在私立医院服务多年，他和私立医院中人很熟悉，是在私立医院治疗的人，以前的经过，他都可以调查。"于是我们就请全医生诊治。诊断的结果，和留医生也无甚差池，不久，我妻的病，也就好了。

平心而论，这一次滕医生替我的妻诊病，是很尽心的。但他对我妻的病不是疟疾，似乎发觉得太迟；而且他去年替我妻治病时，十分镇定，今年却似乎犯了手忙脚乱的毛病，这个毛病，在治疗上，似乎也是犯忌的，不知他何以如此。这也见得治病之难。然而他的态度，毕竟还不错。

（原载于《文艺春秋丛刊》之四《朝露》、之五《黎明》，

上海永祥印书馆，1945年6月1日、9月1日）

物价偶忆

我因有意钩考物价之变迁，在战前搜集材料颇多，不幸旧居为敌军炸毁，所搜集的材料，亦随之而俱佚矣。现在仅剩回忆所及三数事，拉杂写述于下：

我之外祖父，兄弟四人，外祖父次居三，与长兄皆死于太平天国之难，其季早亡，惟其仲存，而妻又早丧。晚年自理家事，甚为费力，然仍不能善。外家食指繁多，一夕，外祖父之兄召厨人而责之曰：从未闻有一家每日食盐一斤者。厨夫曰：盐三十二文一斤，而家中吃饭者三十三人，是每人食盐一文尚不到也。闻者明知其为强辩，然仓促间亦无以难之。此事在同光之际，即一八七五年前后。

光绪十八年，即一八九二年，余年八岁，偶食红烧猪肉而嗜之。余之继祖妣，甚爱余，即敕厨人再做一次。明日，厨人入市归，禀余继祖妣曰：今日系老太太买给小少爷吃的肉，故止七十六文一斤。余时不解所谓，问诸余母，乃知是时猪肉之价，为每斤八十文，然售诸厨人者，则为七十六文，而厨夫报账于主人，则仍为八十文，以主人即自往买，亦为八十文。故此四文，为厨夫公开之好处，是日厨夫并此四文而不赚，则为报效主人矣。不用厨夫之家，而买肉欲以七十六文一斤计者，必立折扆计而后可。如以现钱往买，则必须八十文。因立折扆算之家，食肉必多，故肉店有此例以优待主顾也。

数十年之糖价，余不能忆，问诸人，亦无能知者。三十一年冬，遇一糖业中老人，问之，亦不能举确数。但云：如以糖与他物之比价计之，则战前之糖价，较之三四十年前三分之一。研究世界商品者，谓糖为继续跌价物之一也。

即在一八九二年，余随余父至江浦县。方未往时，闻人言：其地鸡卵只两文一枚，鱼只二十文一斤。及至其地，果然。言者之意，颇以其价为廉，则吾乡（武进），是时鱼与鸡卵之价，必较此略昂也。

予初入酒肆饮酒，事似在光绪二十九年，即一九〇三年，是时酒价，每碗十六文，四碗为一斤。

物价之剧变，起于铜圆流行之后。若用小平钱时，其价之廉，殊非今日所能想象也。犹记是时雇用人力车，索价二十文，还以十六文，卒乃以十八文定议。当时此等车甚多。

余之久居上海，已在民国以后。当时闻人言：在上海吃饭，最廉者每餐仅数十文。即吃饭两碗，每碗六文，共十二文；咸肉两斤，沪语谓之干切，每斤二十文，共四十文；豆腐一大碗，二十一文：共七十三文耳。此为铜圆未盛行，零售论钱码不论洋码时事。余居沪时，已无其事矣。然民国元年，余至西门，在茶肆中啜茗一碗，仍以钱计，只铜圆两枚。

铜圆流行，凡物皆从钱码改为洋码，此为物价之一大变，然其事亦行之以渐，一九一〇、一九一一两年，余数出入于南通，趁轮船或在天生港，或在芦泾港，天生港有趸船可憩，芦泾港则必止逆旅中。自黄昏至半夜，兼吃饭一顿，不过钱二百文耳。时尚未改洋码也。

上海之饭，六文一碗，廉矣，然如吾侪读书人，可人吃两碗。余友屠元博，名宽，曾自宜昌走旱道入川，道中饭亦卖六文一碗，则虽苦力食量较小者，几不能尽也。此事在光绪庚子，即一九〇〇年前后。

（原载于《文献》第1卷第4期，1946年5月1日）

蠹鱼自讼

“臣朔犹饥，侏儒自饱，毕竟儒冠误”，这种感慨，从前读书人是常有的，我却生平没有这一种感慨。

我觉得奋斗就是生命，奋斗完了，生命也就完了。从前文人的多感慨，不过悲哀于不遇，奋斗是随时随地，都有机会得的，根本无所谓遇不遇。况且我觉得文人和学人的性质，又有些不同。文人比较有闲，所以有工夫去胡思乱想，学人则比较繁忙，没有什么闲的工夫。我虽没有学问，却十足做了半生的蠹鱼，又何从发出什么感慨来呢？

然而我也说“被读书误了”，这又是何故？

这话倒也是站在学人的立场上说的。学问之道，贵乎求真，“真的学问，在空间不在纸上”，这个道理，是容易明白的。自然，最初写在纸上的，是从空间来的，不然，它也不会有来路。然而时间积久了，就要和实际的情形不合，所描写的，不是现在的情形了；所发表的意见，也和现在不切。然而时间积久了，就使它本身成为权威，以为除书所载而外，更无问题，而一切问题，古人也都已合理地解决了，所苦者，只是我们没有能了解古人的话，或虽了解而不能实行。即有少数人，觉得书之外还有问题，古人解决问题的方法，亦未为全是的，然而先入为主，既经受了书的暗示，找出来的问题，还是和古人相类，而其所谓解决的方法，也出不得古人的窠臼，和现在还是隔着一重障壁。所以从来批评读书人的，有一句话，叫作“迂阔而远于事情”。“情”是“实”，“事情”就是“事实的真相”；“迂”是绕圈子，“阔”是距离的远，你不走近路而走远路，自然达不到目的地，见不到目的物的真相了。这一个批评，实在是不错的，读书人的做事，往往无成，就是为此。

然而不读书的人，做事也未必高明些，这又是何故？固然，他们有成功的，然而只是碰运气。运气是大家可以碰到的，就读书人也未必不能碰到。不学无术的英雄，气概是好了，也未尝不失败，就是为此。老实说：他们的做事，比读书人也高明不出什么来，甚而至于还要低劣些，因为读书人还有一个错误的计算，他们则并此而无之了。

做事情要有计算，毕竟是不错的。读书人的错误，并不在于他们的喜欢研究，而在于所研究者之非其物。研究的对象错了，自然研究的结果，无一而是了。别人我不敢说，我且说我自己。我亦不敢说得远，且说这两年来的事情。

我是半生混迹于都市之中的，近两年来，却居住和往来于乡间有一年半之久，这是我换了一个新环境了，我却得到些什么呢？

近几年来，时局大变了。时局的变化，是能给人以重大的刺激和亲切的教训的，就乡下人也该有些觉悟，然而大多数人，混沌如故。他们对于时局的认识，到底如何？感想到底如何？

离开时局说，一个人总有他的世界观和人生观的。有些人，以为哲学是高远绝人之物，这根本是一个误解。每一个人，总有他的世界观和人生观，这就是他的哲学了。哲学虽看似空虚，实在是决定人生的方向，指导他的行为的。然则他们哲学上的见地，究竟如何？自然，他们哲学上的见地，也不能一致。然则老的如何？少的如何？男的如何？女的如何？庄稼人如何？做手艺的如何？足迹不出里闬者如何？常往来于城市者如何？……

以上的话，似乎太笼统了，说得具体些。这几年来，乡间实在有一个严重的现象，那就是人口，而尤其是壮丁的减少。工资腾贵了，以今日的币价而论，或亦可说其实并没有腾贵，然而就是你真提高了工资，也还是雇不到人。事业比战前，并没有扩充，而且显著地减少了，人浮于事的现象，则适得其反，这能说是人口至少是壮丁没减少么？然而你问起人家来，人家总说并没有减少，甚而至于说还有增加。他或者看见他的亲戚、朋友、邻里，新添了一两个丁口，而老的也没有死去罢？

农产品腾贵了，乡里人的生活，究竟如何？有一个比较留心的人对我说："最好是三十年。这时候，农产品已经比较腾贵了，别种物价的腾贵，却未至如今日之甚，税捐的剥削，也还未至如今日的厉害，币价却低落了。我们乡间，有一种'活田'，就是名为卖，而有了钱，依然可以出原价赎回的。据说在这一年，乡下人这种田，几乎赎去了十之八九，佃农变作自耕农了，这是一个生活较好的铁证。近两年来，各种物价，都腾贵了，税捐的剥削，也更厉害了，就乡下人也大呼生活艰难，然而生活必要的资料，尤其是食料和燃料，他们手里毕竟有一些实物，和城市中人动辄要买，而且还不易买到的不同，所以他们的生活，比城市中人，毕竟要好些。”以他们向来勤俭的习惯而论，处这极其危险，而还未至于绝无可为的地位，该格外奋勉向上。然而有一部分人，却因手中货币虚伪的数量上的增多，或者交易上一时的有利，而露出骄气，其实是暮气来了。譬如，有一个佃户，找他的田主要借钱。田主道：“我借给你，也不过两三千元。”佃户便哼的一笑道：“两三千元么？我上茶馆天天带着的。”这所谓上茶馆，并不是真去喝茶，你只要午后走过市集，便可见得所谓茶馆里，并没有一个人在那里喝茶，你如走得口渴，要想泡一碗茶喝，他也可回说没有。真的，他的火炉中并没有火。然则茶馆开着做什么呢？你再一看，就可见一桌一桌的人，在那里叉麻雀了，叉麻雀还算是文气的，还有更武气的赌。茶馆里也算是比较优等的地方，劣等一些，便在人家檐宇下，安放一张桌子，或者还是凳子，四面围着些人，便在那里掷骰子，推牌九了。落在后排的，便自己带了凳子来，高高地站在上面，在人背后奋勇参加。

这还是不至于沦落的人，沦落的人，就更无从说起了。有一个佃户，因为替田主照应坟墓的关系，既不交租，又不完税，而且还住了田主的屋子。然而他穷得了不得，谷未登场，已非己有，有钱在手里就赌。近两年而且害起病来了，不能耕种，十亩倒荒掉五亩以上，那五亩不到，还是他女人勉力种的。他却天天站立在门外，负手逍遥，见有收捐的人来，便从屋后向田野中溜掉了，让他的女人去支吾。

这种人，或者可以说是生来就能力薄弱的，然亦有向来勤俭的人，在这几年中，环境也逼迫他，或者引诱他，使他堕落。有一个城市中人，在战前，是相当勤俭的。他产业的收入不多，靠亲戚贴补些，又自用缝衣机器缝衣，也还图个温饱。战时房屋烧掉了，他便把地皮卖掉，到乡间买了二十多亩田。这时候，还很有勤俭自持的样子。不知如何，忽而把毒品吸上了。从此渐渐地不像个人。一两年后，身体也衰弱得不成话了。有一天，吃了晚饭，勉强走出去过瘾，竟因心脏的工作忽而发生障碍，就死在售吸之处，仅有的余款和田地契等，被和他有同嗜的人，回到他寓处掳去了。

这是乡间的情形，至于城市之中，则我在两年前回乡时，觉得大家还有些震动恪恭的意思，未忘其所处者为非常时期，今则此等人几于不可复见了。变节不会变得这么快，或者是“贤者辟地”了罢。否则“万人如海一身藏”“众里寻他千百度，蓦然回首，那人却在，灯火阑珊处”，自然也是不容易遇见他的。眼前数见不鲜的，则不是想发横财，就是且图享乐。再不然，就是刺激受得过度而麻木了。什么事情，也刺激他不动，正像耳朵给炮声震聋了，再也听不见什么一般。现在的环境，真能使人堕落么？然而不靠白血球和病菌苦战一番，安能使新陈代谢的作用旺盛，而收除旧布新之效呢？

迷信事项，不论在城市在乡，都见其盛行，且如现在是九秋天气，我们家乡的风俗，从旧历九月初一日起，到初九日止，是有所谓“拜斗”，亦谓之“礼斗”的一种举动的。那便是道士，或者虽非道士而着了道士的衣服，念着一种“斗坛经”，向所谓北斗星君者，磕头礼拜，求其增加寿算，或者不克减。拜斗之处，明明是一所屋子，其名称却谓之坛。在敝处小小的一个城市中，所谓坛者，却也有好几处。最初，拜斗的人，都自以为是功德。他们有一种公款，以作开支，并不靠人家补助的。然而“蝼蚁尚且贪生，为人岂不惜命”？增加寿算，或者不克减的事，岂怕没有同志？而况“南斗注生，北斗注死”，这传说业已不知其几何年，岂怕没人相信？于是有害了病，去请他们拜斗，以求不死的；也有虽然无病，而亦去请他们拜斗，以期更享高龄的。久而久之，拜斗也逐渐地商业化了，虽然抱着做功德之念者，今日亦非遂无其人。在战前，礼斗一次，不过花上二三百元，现在则起码万元，多的到万五千元以外。然而从初一到初九，应付这些主顾，还是来不及，而不得不把拜斗之期，延长到初十以后，这是眼前的即景，追想几个月前，关帝庙中的庙祝，说某日是关帝的生日了，托人四出募捐。旬日之间，所得计有二十万。一天工夫，据说都花销完了。经手的人不必说，布施的人，该是“诚发于中”“义形于色”，必不容人家有什么不端的行为的了，然而就是关帝生日这一天，关帝庙里，就呼卢喝雉了一夜，他们竟熟视若无睹，无可如何么？或者也有之，然又何苦踊跃输将于前呢？还有所谓什么道的，所崇拜的对象，不知是什么。所讲的道理，更其非驴非马，听得要使人“冠缨索绝”。然而相信他的人，也是不远数百里而来，所捐输的款项，据说亦在数十百万以上。

堕落的为什么堕落？颓放的为什么颓放？发狂的为什么发狂？痴迷的为什么痴迷？这都各有其所以然的，断不是坐在家里，用心思去测度所能够知道。发愤骂人，总说人家不应该如此，那更可笑了。“世界上是没有一件事情没有其所以然的，即无一件事情是不合理的，不过你没懂得他的理罢了。”怎样会知道许多道理呢？那就要多多和事实接触，且如今日，人口到底减少不减少？如其减少，是怎样减少的？所减少者专在壮丁，还是连老弱都受到影响？其减少的原因，又是为何？我固然没有法子像调查户口般逐户去调查，然使周历乡间，多和各种人物接触，难道没有机会知道其中一些真相么？这是一端，其余可以类推。总而言之，和各种事实接触得多了，和各种人物接触得多了，自然你易于知道一切事情真相，向来知其然而不知其所以然的，自然有许多，你能够知其所以然了。这里头，一定有许多崭新的材料，为你向来所梦想不到的，使你见所未见，闻所未闻，不徒能增加知识，而且还饶有趣味。

这事情难么？我是有资格可以去访问乡间的所谓乡先生的，城市中人，熟识的更多了。他们或者都以为我是一个无用之人，然亦都知道我是个老实人，别无作用，一切事情的真相，对我尽情吐露，并无妨碍。听他们的说话，或者一时不易得到要领，然而我自有法子去探问；听了他们的话，我自会推测、补充、参证、综合的。至于城市中素未认识，而又谈话比较有条理的人，乡间的农夫野老、妇人孺子，你要和他接触，而使你得到一个满望的结果，那更容易了。总而言之，只要你有决心，有耐心，去和他们接触，决不会无所得，而且所得一定很多。在交通上，周历各处，在今日或者是比较困难的，而且还冒些风险，然亦未至于不可通行。我们从前读书，不常看见乱离之时，交通困难，要避免了某种特殊势力，或者要结托了某地段的豪杰，才能够通行无阻么？在今日，正可亲历其境，以知道所谓乱离之世的真相，不但活生生的事实，不放他眼前空过，就是读书时候所见到的许多事实，知其然而不知其所以然，百思不得其解，就自以为解，其实也是误解的，也可因活事实的参证，而知道其所以然了。喜欢读说部的人，为什么多？喜欢读正书的人，为什么少？岂不以说部的叙述比较详尽，容易了解；又其材料都为现代的，亲切有味么？其实说部的内容，就使都从阅历得来，和实际的事实，总还隔着一层；也是闭门造车的，更不必说了。活生生的事实，比起说部来，又要多么易于了解，亲切有味？何况干燥无味的正书呢？

此时此地，是何等获得知识、饶有趣味的好机会？然而我竟轻易地把它放过了，我还只做了两年的蠹鱼。

我为什么如此说呢？一者，读书读得太多了，成为日常生活的习惯，就很怕和人家交接了。这实在是自己的畸形发展，倒总觉得和人家交接，浅而无味，俗而可厌。于是把仅有的外向性都消磨尽，变成极端的内向性了。二者，在书上用过一番功夫，而还无所成就，总觉得弃之可惜，于是不免赓续旧业，钻向故纸堆中。从前梁任公先生叹息于近代史的寥落，他说："我于现代的史实，知道的不为不多，然而我总觉得对于现代的兴味，不如古代。"任公先生，现在是与世长辞了，他所知道的，甚而至于是身历其境的，怕百分之九十几，都没有能写出来。任公先生是比较能做实事的人，尚且如此，何况我这真正的蠹鱼呢？

然而我毕竟不能不算是一个错误。

然而"往车已覆，来轸方遒"。我在乡间学校里，曾发愤，每天提出一个钟点来，和学生谈话。我所希望的，是不谈书而谈书以外的事实，有机会时，把他引到书上去，使书本和事实，逐渐地打成一片。然而来的都是喜欢读书的人，所谈的也都是书上的话。要想把他引到现实上去，因为有许多问题，离现实太远了，竟无法引而近之。不但学生，即教育者亦大多数以为“读书就是教育，教育就是读书”，家长更不必论了，到现在，中等学校教员中，还有要讲桐城家法，听得我会写语体文而惊讶的。这或者是迂儒，然我亲见实业上比较成功的人，请人在家讲《孝经》。又有一个某实业团体的会，请了两位先生，排日讲《书经》《礼记》。他们说：“这两位先生，隔日要讲一次，未免太累了。”托人致意于我，想我也去讲一种古书，“如此就每人可以隔两天”，被我笑谢了。

我们的社会，和现实相隔太远了，这未免太不摩登了罢？我并不说读书不是学问。书，自然也是研究的一种对象，然而书只可作为参考品，我们总该就事实努力加以观察，加以研究的。不但自然科学如此，社会科学，更该如此。因为社会科学，现在所达到的程度，较之自然科学，相差得太远了，在纷纭的社会现象中，如何搜集材料？如何加以研究？一切方法，都该像现在的读书一般，略有途辙可循，略有成法可以授人，而随时矫正其谬误，这才是真正的教育。至于把书本作为对象而加以研究，这自然也是一部分的事业，也有一部分性质适宜于此的人，然而适宜于此的人，怕本不过全体中一小部分。因为人的性质，自能因关系的亲疏，而分别其兴味的浓淡的。书本较诸现实，关系当然要疏远些，感觉兴味的人，自然少了。现在把一小部分人能做的事业，强迫全体的人都要这么做，这亦是现在的教育所以困难的一个原因罢？

会说读死书是无用，学问要注重现实的人，现在并非没有，而且算是较摩登的。然而这种人，往往并无所得，较诸只会读书的人，成绩更恶劣了。这是由于现在说这一类话的人，大都是没有研究性质的人，把他们来和读死书的对照，还只是以无研究的人和所研究者非其物之人相对照而已，并不能作为读死书的人的借口。

（原载于《文艺春秋丛刊》之三《春雷》，上海永祥印书馆，1945年3月15日）

中国史籍读法

弁言

此稿乃予在华东师范大学讲学时，拟于一九五四年春夏间，为历史系毕业班学生作若干次讲演者。开学未几，予即患病，在家休息。所拟讲演之语，病闲后曾写出崖略，仅就涉想所及，既未能精密构思，亦未能详细参考，所说极为浅近，似无一顾之价值。但为初学计，作者虽贻浅陋之讥，读者或有亲切之感，所以未遽弃掷。其中仍有一部分，似乎颇涉专门者，则因旧籍性质如是，不知其性质，无从说起读法也。研究历史之事，不限于读书；读书不限于读中国书；读中国书，亦不限于旧日之史籍。所以此稿所述，不过治史学者一小部分人所有事而已。然治学固贵专精，规模亦须恢廓。目能见六合之大，再回过来治一部分的事情，则其所从事者不至于无意义；而其所取之途径，亦不至误其方向，如俗所谓钻牛角尖者。然则此稿所言，虽仅一部分人所有事，而凡治史学者，似亦不妨一览，以恢廓其眼界了。此亦所言虽极浅近，而未遽弃掷之微意也。一九五四年六月，吕思勉自记。

一 史学之用安在

史学究竟有用没有用？这个问题提出来，听者将哑然失笑。既然一种学问，成立了几千年，至今还有人研究，哪得会无用？问题就在这里了。既然说有用，其用安在？科举时代的八股文，明明毫无用处，然在昔日，锢蔽之士，亦有以为有用的。（他们说：八股文亦有能发挥义理的。这诚然，然义理并不要八股文才能加以发挥，创造八股文体，总是无谓的。这并不但八股，科举所试文字，论、策外实皆无用，而论、策则有名无实，学作应举文字的人，精力遂全然浪费，而科举亦不足以抡才了。然人才亦时出于其中，右科举者恒以是为解。正之者曰：若以探筹取士，人才亦必有出于其中的；此乃人才之得科举，而非科举之得人才，其说最通。所以一种无用之物，若以他力强行维持，亦必有能加以利用者，然决不能因此遂以其物为有用。）可见一种事物，不能因有人承认其有用，而即以为有用；其所谓有用之处，要说出来在事理上确有可通。然则历史之用安在呢？

提出这个问题来，最易得，而且为多数人所赞同的，怕就是说历史是前车之鉴。何谓前车之鉴？那就是说：古人的行事，如何而得，则我可取以为法；如何而失，则我当引以为戒。这话乍听极有理，而稍深思即知其非。天下岂有相同之事？不同之事，而执相同之法以应之，岂非执成方以治变化万端之病？夫安得而不误！他且勿论，当近代西方国家东侵时，我们所以应付之者，何尝不取鉴于前代驭夷之策，（其中诚然有许多纯任感情、毫无理智的举动和议论，然就大体观之，究以经过考虑者为多。）其结果怎样呢？又如法制等，历朝亦皆取鉴前代，有所损益。当其损益之时，亦自以为存其利而去其弊，其结果又怎样呢？此无他，受措施之社会已变，而措施者初未之知而已。（此由人之眼光，只会向后看，而不会向前看。鉴于前代之弊，出于何处，而立法以防之；而不知其病根实别有在，或则前代之弊，在今代已可无虞，而弊将出于他途。此研究问题，所以当用辩证法也。譬如前代赋役之法不能精详，实由记账之法不能完善。明初鉴于前代，而立黄册与鱼鳞册，其记账之法，可谓细密了，然记账之事，则皆委之地主、富农之流，此辈皆与官吏通同作弊之人，法安得而不坏？此为历代定法总深鉴于前代，而其结果依然不能无弊一个最深切明显之例。其他若深求之，殆无不如此。此理，方正学的《深虑论》，有些见到，但仅作一鸟瞰，粗引其端，未及详细发挥而已。）所以治史学，单记得许多事实，是无用的。早在希罗多德，就说治史之任务有二：（一）在整理记录，寻出真确的事实；（二）当解释记录，寻出那些事实间的理法。（据李大钊在上海大学所讲演的《研究历史的任务》。希罗多德（Herodotus），希腊最早之史学家。生于公元前四八四年，即入春秋后之二三五年。）而在中国，亦以为道家之学，出于史官，“历记成败、存亡、祸福”，所以能“秉要执本”了。（《汉书·艺文志》。）然则史学之所求，实为理而非事。“事不违理”，（借用佛家语。）这本无足为奇，然而问题又来了。

学问决没有离开实际的，离开实际的，只是“戏论”。（亦借用佛家语。佛家譬诸“龟毛、兔角”，谓想象中有其物，而实际则无之也。）譬如马克斯的学说，观鉴社会的变迁，因以发明其发展之由，推测其前进的方向，而决定因应及促进之法，这自然是最有用的了。然则这种学问，究竟是从读史得到的呢，还是从身所接触的事物得到的呢？这个问题提出，我们知道：马克斯虽已长往，果能起诸九泉而问之，其答语，必是说：看了被压迫阶级的苦痛，深知其与社会组织相关，然后求之于史，而知其变迁、发展之由；必非于当代之事茫无所知，但闭户读书，铢积寸累，而得一贯串全史可以用诸当代的新发明。而且他的学说，虽大成于后来，而其大体的见解，则必成立于最初之时，后来不过加以注明、补充、修改。而决无根本上的变动。这不但马克斯，从古以来，在学问上有所发明的人，都系如此。此即章实斋所谓“入识最初而不可易。”（虽有学问之士，当其最初之时，读书是不会多的。然则人有所得，实系由与事物接触，而并不由于读书。读书的死活，即分于此。知书上某一句话，系指现社会某一种现象者，所读者活书也。不知之者，所读者死书也。读活书者，似可先知现社会之某种现象，然后求之于书，亦可先知书上的某一句话，然后求之于现社会。然后者必为后起的。已将书与事打成一片，然后能之，最初则必现社会之现象，对之先有所启发，然后能以书合之也。发明必因乎时会，亦由于此。因必在某种环境之中，某种现象，乃能对人有所启发。此亦时势造英雄之理也。）然则读书究有何用呢？

答案是这样的：入识最初而不可易的，只是一个方向，一个轮廓。所谓不可易，只是这个方向不变，轮廓不误罢了。其中细节偏端，不能不借经验（一）为之证明，（二）为之补充，（三）为之修正。一个人的经验是有限的，即使随处留心，至于白首，亦仍觉其浅薄，所以不得不求之于史。史学之用，就在这里了。（证明、补充、修正的工作，不必自为，亦不能皆自为。一种大发明，必借有人为之羽翼者为此。）

二　中国有史学么

说到此，就觉得旧有史学的无用。把史部的书翻开来，自然全部都是记载。为之羽翼的，则从性质上言之，大致可分为三种：（一）注释：因前人书中之名物、训诂，后人不易明了而为之说明；（自隋以前，史学并有专门传授；唐初犹然，即由于此。《隋书·经籍志》说正史惟《史记》《汉书》，师法相传并有解释。《三国志》及范晔《后汉》虽有音注，既近世之作，并读之可知，可见其注释专为文义。此为注释之正宗。若裴松之之注《三国志》，广搜佚闻，则实属补充一类矣。名物、训诂，时代相近之作，虽大体易知；然一时代特殊之语，亦有相隔稍远，即不易了解者，官文书及方俗语皆有之，实亦需要解释也。）（二）考证：前人书有误处，为之纠正；（三）补充：任何一部书，不能将应有的材料搜集无遗，于其所未备的，为之补足。（如清人所补各史表、志即是。）这种著作，往往费掉很大的精力，其成绩亦诚可钦佩，但亦只是希罗多德所谓寻出真确的事实而已；寻出其间理法之处实甚少；更不必说如马克斯般，能发明社会发展的公例了。然则饱读此等书，亦不过多知道些已往的事实而已，于现在究有何用？无怪近来论者说中国史料虽多，却并不能算有史学了。这话似是，其实亦不尽然。一切书籍，从其在心理上的根据说来，亦可分为三种：即（一）根于理智的，是为学术；（二）根于情感的，是为文辞；（三）根于记忆的，是为记载。中国书籍，旧分经、史、子、集四部。经、子虽分为两部，乃由后世特尊儒学而然，其实本系同类之物，此在今日，为众所共喻，无待于言。经、子自然是属于理智的。史部之书，与属于记忆者相当，亦无待言。集部之书，多数人都以为属于文辞，其起源或系如此，但至后来，事实上即大不然。我国学术，秦以前与汉以后，（此以大致言之，勿泥。）有一个大变迁，即古为专门，后世为通学。（此四字本多用于经学，今用为泛指一般学术之辞，即专门二字，本指治经而墨守一家之说者，通学则兼采诸家；今所用专门指专守经、子中一家之说，通学则指兼采诸家也。）在古代，研究学问的人少，学问传布的机会亦少，有研究的人，大都只和一种学说接触，所以不期而成为专门，直到东周的末年，始有所谓杂家者出现。（此就学术流别言，非指今诸子书。若就今诸子书而论，则因（一）古书编纂错乱。（二）有许多人，又特别为著书之人所喜附会，殆无不可成为杂家者。如《晏子春秋》，兼有儒、墨之说，即因儒、墨二家，并欲依托晏子；管子名高，更为诸家所欲依托，则其书中，儒、道、法、兵、纵横家之言，无所不有矣。其一篇中诸说杂糅者，则编纂之错乱为之，盖古简牍难得，有所闻皆著之一编，传录者亦不加分别，有以致之也。）至后世则不然了，除西汉经生锢蔽的，还或墨守一先生之说外；其大多数，无不成为通学，即无不成为杂家。一人的著述中，各种学说都有，实跨据经、子两部；（此为学术上一大进步，前人泥于尊古之见，以为今不如古，误矣。后世分别子、集，亦自谓以其学专门与否为标准，然其所谓专门者，则其书专论一种事物耳，非古所谓专门也。）而同时，这种人又可系热心搜辑旧闻的人，遇有机会，即行记载。又集部的编纂，以人为主，其人自己的行事，亦往往收入其中。（如《诸葛忠武集》等即此类，实无其人执笔自作之文字也。后世之名臣奏议等，尚多如此。文人之集，固多但载其作品；然注家亦多搜考行事，务求详实，与其自己的作品，相辅而行。）如此，则集部之书，又与史部无异。所以前人的文集，譬以今事，实如综合性杂志然，其内容可以无所不有。把书籍分为经、史、子、集四部，只是藏庋上的方便，并非学术上的分类。章实斋的《校雠通义》，全部不过发挥此一语而已。（要作学术上的分类，除编类书莫由，见第五节。）所以我们要治史，所读的书，并不能限于史部。在后世不能不兼考集部，正和治古史不能不兼考经、子相同。向来治史的人，于集部，只取其与史部性质相同，即属于记载的一部分；而不取其对于社会、政治……发表见解，与经、子相同的一部分。那自然翻阅史部之书，只见其罗列事实，而不觉得其有何发明，使人疑中国只有史料，并无史学了。

所以如此，亦有其由。前人著述，或其议论为他人所记录，涉及历史的，大致可分为三种：第一种所谓别有会心。即其人之言论，虽涉及古事，然不过因此触发，悟出一种道理，与古事的真相，并不相合。此等言论，虽亦极有价值，然另是一种道理，初不能用以解释或评论史事。（如苏子瞻论荀卿，谓李斯之焚书，原于卿之放言高论，此特鉴于当时党争之愈演愈烈，有所感而云然，事实之真相，并非如此。后来姚姬传作《李斯论》，又说斯之焚书，特以逢迎始皇，使其所遇非始皇，斯之术将不出于此，亦特鉴于当时风气之诡随，立朝者多无直节，“一以委曲变化从世好”而云然，史事之真相，亦并非如此也。此即两先生亦自知之，其意原不在论古，特借以寄慨、托讽而已。若据此以论荀卿、李斯，便成笨伯了。）第二种则综合史事，而发明出一种道理来。（有专就一类事实，加以阐发的。亦有综合多种事实，观其会通的。又有综合某一时代、某一地域的各种事实，以说明该时代、该地域的情形的。其内容千差万别，要必根据事实，有所发明，而后足以语于此。空言阔论无当也。）这正和希罗多德所谓寻出事实间之理法者相当，在史学中实为难能可贵。然第三种专从事实上着眼。即前所云注释、考证、补充三类，力求事实之明了、正确、完备，与希罗多德所谓寻出真确之事实相当者，亦未可轻。因第二种之发明，必以此为根据，此实为史学之基础也。此即所谓章句之学。“章句之学”或“章句之士”四字，习惯用为轻视之辞，然欲循正当之途辙以治学问者，章句之学，又卒不能废，实由于此。［“章句”二字，最初系指古书中之符号，其后古书日渐难明，加以注释，亦仍称为章句；注释之范围日广，将考证、补充等一概包括在内；章句之称，仍历时未改（说出拙撰之《章句论》，曾由商务印书馆印行，后又收入其“国学小丛书”中）。今且勿论此等详细的考据。章句之学四字，看作正式治学者与随意泛滥者不同的一种较谨严的方法；章句之士，则为用此方法以治学的人，就够了。此等人，大抵只会做解释、考证、补充一类的工作，而不能有所发明，所以被人轻视。然非此不能得正确的事实，所以其事卒不能废。异于章句之士，能寻出事实间的理法者，为世所谓“通才”，其人亦称为

“通人”。天下章句之士多而通人少，故能为章实斋所谓“比次之业”者多，而能著作者少。近数十年来，专题论文，佳篇不少，而中国通史，实无一佳作，并稍可满意之作而亦无之，亦由于此。章句之学和通才，实应分业，而难兼擅。因大涵者不能细入，深入者不易显出，不徒性不相同，甚至事或相克也。刘子玄叹息于才、学、识之不易兼长，实未悟分业之理。然人宜善用所长，亦宜勤攻己短。性近通才者，于学不可太疏；性善章句者，于识亦不可太乏也。］中国人的史学，实在第二、第三两种都有的。向来书籍的分类，只把性质属于第三种之书，编入史部；其属于第二种的，则古代在经、子二部，后世在集部中。浅人拘于名义，以为中国史学，限于史部之书，就谓其只有史料而无史学了，这实在是冤枉的。

三　再为中国史学诉冤

说到此，还该有一句话，为中国的旧史诉冤。那即是近来的议论，往往说旧时史家颠倒是非。旧时史家颠倒是非者诚有之，如魏收之被称为秽史是。然其所谓颠倒者，止于如此，不过偏端，并非全体。若将全体的是非，悉行淆乱，则必无人能做此事。而据近来的议论，则几谓旧史全部之是非无一可信；所载事实，无一非歪曲、伪造。问其何所见而云然？则不过泥于辞句。譬如说，历代的史籍，对于政府，悉视为正统；对于反抗政府的人，则悉视为叛逆。于政府之暴虐、激变，及其行军之骚扰、军队之怯懦、战争之失利，多所隐讳；而于反抗政府之人，则一切反是便是。（此系举其一端。其他，如汉族与异族的冲突，则归曲于异族，而不著汉族压迫之迹，如近人所谓大汉族主义等皆是。）此乃未解旧史之性质。须知旧时之作史者，并非各方面的材料都很完备，而据以去取，只是据其所得的材料，加以编辑，以贻后世而已。当其编辑之时，自古至今的史家有一大体同守的公例，即不将自己的意思，和所据的史料相杂。此即《谷梁》所谓“信以传信，疑以传疑”，（见桓公五年。这句话的意思，就是说，相传的说法，无论自己以为可信，抑以为可疑，都照原来的样子传下去。人人谨守此法，则无论时代远近，读书的人，都得到和原始材料接触的机会；而后人的议论，只须发表自己的意见，而不必再行叙述，则史籍的分量，不致过多，亦可节省读者的精力也。）亦即后世史家所谓“作文惟恐其不出于己，作史惟恐其不出于人”。可见其例起源甚古，沿袭甚久。其极端者，乃至于所据史料，不过照样誊写一过，于不合自己口气之处，亦不加改动，如《史通》所讥《汉书·陈胜传》仍《史记·陈涉世家》“至今血食”之文。而不知直录原文，实为古人著书之通例。（照例愈古则愈严。不但直录原文，不加改窜，即两种原文，亦不使其互相搀杂。如《史记·夏本纪》绝不及羿、浞之事，而《吴世家》详之，以《夏本纪》所据者，乃《帝系》《世本》一类之书，《吴世家》所据者，则《国语》之类，不以之相订补也。全部《史记》复重、矛盾之处，触目皆是，初学者随意披览，即可见得，史公岂有不自知之理？所以如是者，古人著书的体例，固如是也，此例守之愈严，愈使古书之真相，有传于后。）古人所缺者，乃在于原文之下，未曾注明其来历，然此至多不过行文条例不如后人之密而已，以为歪曲，则实不然。（亦间有注明者，如《汉书·司马迁》《扬雄传》，都著其自叙云尔是也。则其余不著者，或在当时人人知之，不待加注，亦未可知。且如引书必著卷第，亦至后世而始严；古人则多但著书名而已。亦以时愈晚，书愈多，卷帙愈巨，翻检为难，在古代则并不尔也。）出于他人之说，有两说异同者，古人未尝不并存。其远者，如《史记·五帝本纪》，既说“神农氏世衰，诸侯相侵伐，暴虐百姓，而神农氏弗能征”，又说“炎帝欲侵陵诸侯”；（神农古多谓即炎帝，《史记》亦不以为两人。）其近者，则如《旧唐书》的《高宗王皇后传》，一篇之中，说王皇后、萧淑妃死法，即显相抵牾。所记之事，苟有一种材料，怀疑其不足信者，亦未尝不兼著其说。如《金史·后妃传》，多载海陵淫秽之事，盖据金世实录，而在《贾益谦传》，却明著“大定间，禁近能暴海陵蛰恶者，辄得美仕，故当日史官修实录，多所附会”。然则歪曲、伪造者，乃当日修实录之史官，而非修《金史》之人。历代政府一方面对于人民，平时的暴虐，临事的激变及人民起义之后政府行军的骚扰，军队的怯懦，战事的失利，多所隐讳；而于反抗政府的一方面，则将其含冤负屈以及许多优点一笔抹杀，作此等歪曲伪造者，亦自有其人，与后来修史之人何涉？若谓修史者，既明知所据材料之不足信，何故不加以说明，则此为全部皆然之事，人人知之，何待于言？亦何可胜言？（从前读史的人，有治学常识者，其于史文，本只当它记事之文看，并只当它一方面所说的话看，无人以其言为是非之准，并无人信其所记之事皆真实也。其有之，则学究之流而已。）修史者不改原文，但加编辑，不徒不能尸贻误后人之咎；反可使后人知史料之不足信，不啻揭发其覆，使读者“闻一知二”了。（如《金史》既有《贾益谦传》之文，则《后妃传》所载者，亦可云非以著海陵之淫乱，特以著金世实录的诬罔；然海陵亦非不淫乱，暴其恶者亦不可云尽诬，亦未便一笔抹杀，故又存其文于《后妃传》也。）然则历代政府的罪恶，多被隐讳；人民的冤屈及优点，多被抹杀，其受病之根，乃在所传系政府方面的材料，而人民方面的材料，几于无有之故，与修史之人何涉？若说人民方面的材料与政府方面的材料相反者，虽云缺乏，亦非一无所有，作史者何不据以参考，兼著其说？则不知史以正史为主，历代的正史，无论其为官纂、为私修，实皆带有官的性质。（其关系最大者，为所用仍系官方的材料，及著述不甚自由两端，说见下节。）此乃被压迫阶级不能自有政权，而政权为压迫阶级所攘窃之故，非复著述上的问题了。说到此，则不能不进而略论中国历史的历史。

四　史权为统治阶级所篡及史家苦心保存事实真相

历史材料的来源，本有官私两方面。（历史材料极其繁杂。自理论上言之，当分为记载、非记载两种。属于非记载的，又分为：（一）人，谓人类遗体；（二）物，包括：（甲）实物，（乙）模型、图画；（三）法俗：凡有意制定而有强行性质者为法，成于无意而为众所率循者为俗。记载包括口碑，又分为：（一）有意记录，以遗后人的；（二）非欲遗后，但自记以备查检的；（三）并非从事记载，但后人读之，可知当时情状的。（一）指作史言；（二）如日记、账簿等，即官府的档案，亦可云属于此类；（三）则史部以外的书籍悉属焉。此所云者，仅

（一）项中之大别而已。）私家的材料，即所谓“十口相传为古”，乃由群中之人递相传述的故事。此其起源，自较官家的记载，出于史官者为早。但到后来，史料的中心，却渐移于史官所（一）记录；（二）编纂了。此其故有二：（一）只有国家，能经常设立史官，以从事于记录；而一切可充记录的材料，亦多集于政府，（如卫宏《汉仪注》说：汉法，天下计书，先上大史，副上丞相。）所以其材料较多而较完全。寻常人民：（甲）和国家大事，本无接触；即有所知，亦属甚少；（乙）常人对于不切已之事，多不关心，未必肯从事于记录；（丙）又或有此热情而无此机会；（如著作之暇日等。）（丁）有所成就而不克流传。（如为物力或禁令所限。）私史的分量，就远少于官书；其所涉及之方面亦远少；从时间上论，亦觉其时断时续了。（此所谓私史，以其材料之来源，与官方不同者为限。若编纂虽出私人，材料仍取诸官家，即不可谓之私史了。以此为衡，则私史实少。此亦不可为古人咎，实为环境所限。凡事不能孤立看。以史材论，在某一时代。能有何种性质的材料出现？其分量有若干？能保存而传诸后来的，又有若干？以著述论，某一时代，众所视为重要者，有何等问题？对于此等问题，能从事研究的有若干人？其所成就如何？能传之后来者又有几何？均为环境所限。不论环境，徒对古人痛骂一番，或则盲目崇拜，皆非也。）（二）史官所记，几于全部关涉政治。只记政治上的事情，而不及社会，在今日众共知为史学上的缺点，但此乃积久使然，当初起时，其弊并不甚著。此由后世的社会太大了，（包括疆域广大、人民众多、各地方情形不同等。）政府并不能任意操纵，所谓统治，不过消极的用文法控制，使其不至绝尘而驰而已。（此为治中国史者最要而宜知之义，至少自汉以后即如此。毛泽东同志在《中国革命和中国共产党》中说："如果说，秦以前的一个时代是诸侯割据称雄的封建国家，那末，自秦始皇统一中国以后，就建立了专制主义的中央集权的封建国家；同时，在某种程度上仍旧保留着封建割据的状态。"这几句话，对于向来所谓封建、一统之世同异之点，分析得极为清楚。统治阶级的利害，与被统治者恒相反。处于统治地位的，在诸侯割据之世，为有世封及世官的贵族；在中央集权之世，则代之以官僚。君主固与官僚属于同一阶级，然行世袭之制，则入其中而不得去；与官吏之富贵既得，即可离职而以祸遗后人者不同。故君主虽借官僚以行剥削，又必控制其剥削，限于一定的程度，使不至激成人民之反抗。凡英明的君主，必知此义，一朝开创之初，政治必较清明者以此。然中国疆域太大，各地方的情形太复杂，以一中央政府而欲控制各地方及各事件，其势实不可能，而每办一事，官吏皆可藉以虐民，干脆不办，却无可藉手，所以集权的封建之世，中央政府即称贤明，亦不过能消极的为民除害至于某一程度，而能积极为民兴利之事却甚少。旧时的政治家有一句格言说："治天下不如安天下，安天下不如与天下安。"治天下是兴利；安天下是除害；与天下安，则并除害之事亦不办了。因为要除害，还是要有些作为，官吏还可藉以虐民的。此种现象的原理，实根于阶级对立而来，所以非至掌握政权的阶级改变，不能改变。但特殊的事件，可以放弃；常务则不能不行，官吏又藉以虐民，则如之何？则其所以控制之者为文法。文法之治，仅求表面上与法令的条文不背，而实际是否如此，则非所问。此即所谓官僚主义，为论者所痛恶，不自今始，然仍有其相当的作用。如计簿，下级政府不能不呈报上级，地方政府不能不呈报中央，明知所报全系虚帐，然既须呈报，则其侵吞总有一个限制。又如杀人，在清代，地方政府已无此权，太平天国起义后，各省督抚，乃多援军兴之例以杀人，此实为违法，然既须援军兴之例乃能杀人，则其杀人之权，亦究有一个限度皆是也。中央集权的封建国家，号称清明之世，所能维持者，则此最小限度而已。）所以但记些政治上的事件，并不能知道社会上的情形。（因为政治上所办的事情，实在太少了。且如历法，向来总以为人民不能自为，非仰赖政府不可的，其实不然。唐文宗时，西川曾请禁官历颁行以前民间先自印卖的历书；而据《新五代史·司天考》，则当时民间所用的，实别有一种历法，时人称为小历，并非政府所用之法。直至宋时，还系如此。南宋末年，西南偏僻之区，官历失颁，梧州等地大、小尽互异，民间就无所取正了，事见《困学纪闻》。即至近代，亦未能免，官用之历法久变，民间印行历本，还有据明人所造《万年历》的，以致大、小尽亦有差池。民间所用历法。或不如官法之确，然日用并不仰赖政府，则于此可见。且政府革新历法时，所用之人才，亦皆出于民间，若钦天监等官署所养成的人才，则仅能按成法做技术工作，不能创法与议法也，举此一事，其余可以类推。）但在古代小国寡民之世则不然，此时政治上所办者，尚系社会的事情；而社会上最重要的事情，亦即操在政府手里。（所以政治二字，随时代之古近，范围广狭，各有不同。大致时代愈古，所包愈广。）所以但记政治上的事件，即可见得社会上的情形。人类的做事，是有其惰性的，非为局势所迫，一切只会照着老样子做去。况且社会的变迁，一时是看不出来的。又且历代政府，于全局之控制虽疏，究为最高权力所在，其所措施，至少在表面上为有效。所以习惯相沿，史官所记，就都偏于政治方面了。（此所谓政治，其范围业已甚狭了。）私家所知政治上的事件，固不能如史官之多；有些方面，亦不能如史官之确，（如人、地名、年、月、日，官、爵、差遣名目等。）这亦使历代的史料，逐渐转移到以史官所记为重心。

读史必求原始的材料。真正原始的材料，现在实不易得，大体上，众共据为原始材料的，则历代所谓正史而已。（此系为物力所限。《南》《北史》行，而《魏》《齐》等史即有缺佚；《新五代史》行，而《旧五代史》之原本遂不可得，足见正史修成后，尚不易完全保存，更无论所据的原料了。历代政府，所以恒视修前朝之史为重要之事；而每逢开馆修史，亦必有热心赞助之人，即由于此。前人修史，用功精密者，多先作长编。如其书修成之后，长编仍获保存，实可省后来校勘者许多精力，且可保存修书者弃而未取的材料。然长编恒不获保存，亦由为物力所限也。）历代所谓正史，大体上自南北朝以前为私撰，唐以后则为官修。（可参看《史通·古今正史篇》。自唐以后，纯出私修者，一欧阳修之《新五代史》而已，然其材料并不丰富也。）然即在南北朝以前：（一）所有者亦必系官家的材料；（如司马迁虽为史官，其作《史记》，实系私人事业，然其所以能作《史记》，则实因其身为史官，故能得许多材料，如所谓“䌷史记金匮、石室之书”是也。（二）或则受政府的委托，由政府予以助力；如沈约之《宋书》，萧子显之《齐书》，姚思廉之《梁》《陈书》，魏收之《魏书》均系如此。此等虽或奉敕所撰；或得政府供给材料，补助物力；然其人皆本有志于此，纂辑亦以一人为主，故仍不失其私撰的性质。）（三）其或不然，则将受到政府的干涉，言论实并不自由。（如班固，即以有人告其私改国史下狱。）所以自政府设立史官，从事记录、编纂以来，作史之权，即渐为统治阶级所窃。（记录之权的被窃，观前言史料渐以史官所记为重心可知。编纂之权的被窃，则观唐以后正史非藉官修之力不能成可知。因非有政府之权力、物力，不能征集材料，支持馆局也。在清世，万季野可谓挺挺高节，然清开史局，亦卒以布衣参史事，即由知非此《明史》必不能成，不得不在署衔、不受俸的条件下，委曲求全也。黄梨洲送季野诗云："不放河汾声价倒，太平有策莫轻题。"其不肯屈节之心，昭然可见，而犹有议其作《明夷待访录》为有待于新朝者，真可谓形同聋瞽矣。然亦卒遣其子百家北上备史馆询访，其心，犹之季野之心也。向使作史之权，不为统治阶级所窃，史家何必如此委曲；而其所成就，亦岂止如此哉？然此为政权被攘窃后必至之势，革命者所以必争政权也。）于是有（一）积极的伪造史实；［如汉末为图谶盛行之世，后汉光武即为造谶最甚之人，而又以此诬刘歆、公孙述等，说见拙撰《秦汉史》第二十章第四节。伪造先世事迹者，莫甚于拓跋魏，详见拙撰《晋南北朝史》第三章第八节（二书皆开明书店本）。此时崇尚门阀，伪造世系者尤多，如萧齐之自托于萧何，前人久发其覆矣。］（二）消极的消灭史实之举；（魏太武以史案诛崔浩，其实非以作史，而由于浩欲覆魏，袁简斋在

《随园随笔》中始言之；清礼亲王昭梿《啸亭续录》又及其事，然皆语焉不详；予始详发其覆，见拙撰《晋南北朝史》第八章第六节。然浩虽非以史事诛，而此案之本身，即为被消灭之一大史实，使其真相湮晦，逾于千载焉。此外魏世史实被隐没者尚多，可参看拙撰《晋南北朝史》第十一章第一节。清世实录，近世研究者证明其常在修改之中，故前后诸本不同，非徒蒋、王两《东华录》之不同，授人以可疑之隙也。此盖由清世家法，人主日读实录而然，亦见《啸亭续录》，则其消灭史实更甚矣。清初尝自号其国曰金，后以恐挑汉人恶感，讳之。然沈阳大东门额坏，旧额露出，赫然署大金天聪几年。一九二〇年，予在沈阳，尚亲见之。当时曾致书教育厅长谢君演苍，属其取下藏诸图书馆。其时之奉天，反动气氛颇甚，有力者多不欲暴清之隐，谢君亦未能行也。）（三）甚且如清代，欲乘修史之便而禁书。（清康熙末年，即藉修明史为名，诏民间进呈野史。其时虽有所得，不过官吏之完成任务，民间所藏，凡涉及万历末年边事者，即均行删去矣，见戴南山《与余生书》。乾隆时，乃径行搜索。三十九年上谕云：明季野史甚多。其间毁誉任意，传闻异辞，必有抵触本朝之语。正当有此一番查办，尽行销毁，杜遏邪言，以正人心而厚风俗，断不宜置之不办。其欲消灭汉人的记载，亦明目张胆，直认不讳矣。）私家所作之史，其外形，有时诚不如史官之详实；然其内容，则往往为史官所记所无有。然（一）敢笔之于书者已少；（二）即能笔之书，亦或不敢流传；（三）其流传于外者，则已多所改削；（予幼时曾见一抄本《江阴城守记》，述明末典史阎应元抗清之事。谚所谓清三王、九将被杀之说，即在其中，此外尚有江阴人之歌谣等。后来所见抄、刻本，无一得同。）（四）况且还要遭禁和受祸！自然私家之史，其分量要大减了。私家作史，不求详实，甚或借此淆乱是非者，诚亦有之。然此正由其发达未能畅遂，不受人重视之故。倘使向来私家作史，一无阻力，则作者必多；作者多，即必受人重视，而引用者多；引用者多，则从事于考证者亦多，不求详实及淆乱是非之弊，自易发现；妄作者的目的，不徒不得达，反将因此受到讥弹。自然私史之作者，不徒加多，亦且程度要提高了。（借使考证之风盛行，李繁之《邺侯家传》等，必不敢出而问世。）史官所记，我亦认为很重要的一部分。但以天下之大，各方面情形之复杂，断非少数因职业而从事于此的人所能尽，则可以断言。然则私史的遭阻阏，官史之获偏行，在史学上，确是一个大损失了。此皆由政权为压迫阶级所攘窃之故。所以革命必争政权，确是天经地义。

即以藏庋论，作史之权，为压迫阶级所攘窃，亦是史学上一个大损失。《史记·六国表》说：秦既得意，烧天下诗书，诸侯史记尤甚，为其有所刺讥也。诗书所以复见者，多藏人家，而史记独藏周室，以故灭，惜哉！惜哉！这一段文字中，“诗书”犹今言书籍；“史记”犹今言历史；（今之《史记》，《汉志》名《太史公书》。史记乃一类书籍之总名，此书首出，遂冒其称耳。）“人家”之“人”，疑唐人避讳改字，其原文当作“民”；“周室”二字，包诸侯之国言，乃古人言语以偏概全之例，（因古人言语之总括之辞。）断非陵夷衰微的东、西周，还能遍藏各国的史籍，更无待言。（当时大国，亦有能藏外国之史者。《周官》，小史“掌邦国之志”，盖指内诸侯；外史“掌四方之志”，则指外诸侯，此其国皆现存，又云“掌三皇、五帝之书”，则指前代诸国之史。此皆史官所记。诵训氏“掌道方志，以诏观事”，《注》云：说四方所识久远之事。训方氏“诵四方之传道”，《注》云：世世所传说往古之事也。则未笔诸书者，其间当有民间之传说也。《周官》所说制度，与《管子》多同，盖齐地之学。齐为大国，又极殷富，故学术亦甚兴盛。稷下学士七十人，可见其养士之规模。其能多藏列国之史籍，亦固其所，若东、西周则断不能有此物力也。纬书谓孔子与左丘明如周，得百二十国之宝书，望而知为造作之说。）凡藏于官家，秘而不出之物，最易一遭破坏而即尽。不但史籍，一切书籍，亦系如此。太史公作《史记》，欲“藏之名山，传之其人”，论者或讥其不和民众接近。殊不知他下文还有“通邑大都”四字，他藏庋要在名山，传播原是面向着通邑大都的。要学说的流行，必面向通邑大都而始广。然其地为变动剧烈之地，书籍及能通晓书籍之人，易于流散及播越；山地较为安静，古籍、古物保存的机会较多，所以太史公要分途并进。书有五厄之说，牛弘已慨乎言之，（见《隋书·经籍志》。）然至后世，此弊仍不能免，即由攘窃者之自私，将其搜求所得，悉藏之于官禁之故。倘使购求书籍的物力，不为压迫阶级所专有，而别有文化机关，以司其事；搜求所得，亦不如向来之专藏于宫禁，而分藏于风波稳静之地。书籍之亡佚，决不至如此其甚，亦可断言。（清代四库书，分藏数处，毕竟灭亡较难，亦其一证。）此话从来少人提及，然一经说明，却可令人共信。一切书籍如此，史料之未经流布者，自然更甚了。明代实录，姑秘藏不出，至清初修明史时，即已不全矣。后来竭力购求，终不能得。即由其秘藏，能钞撮、移録者少也。所以作史之权，为压迫阶级所攘窃，确是史学上一大损失。

虽然如此，参与作史和修史的人，毕竟是和学术有些关系的，总有些保存事实真相，以贻后世的公心，不会全做了统治者的奴隶。试举和我很切近的一件事情为例。我清初的祖宗吕宫，乃是明朝一个变节的士子。他入清朝便考中了状元，官做到大学士。其时年事尚轻，正可一帆风顺，大做其虏朝的伪官，却忽然告病回家了。而其时实在并没有什么病。这是何缘故呢？我们族中相传有一句话：说是由于当时的皇太后要和他通奸，他知道嫪毒是做不得的，将来必遭奇祸，所以赶快托病回乡了。虽有此说，也不过将信将疑的传述着，没一个人敢据为信史的。（因无人敢笔之于书，但凭传说，故久而模糊也。）然一读清朝的《国史列传》，（中华书局所印行之《清史列传》。）却得到一个证据了。传中明载着，当他告病而未获允许时，王士祯曾参他一本，说他病得太厉害了，“人道俱绝”。试问太监岂不是官？若说无关紧要，则历代宦官握有宰相实权，甚或超过宰相者甚多，“人道”的绝不绝，和做官有什么关系？这便使我们族中的传说，得到一个坚强的证据了。这便是当时作史，后来修史的人，苦心留给我们的真实史料。因他只是据官书材料叙述，所以连最善于伪造和消灭史实的清朝，也给他瞒过了。这便是从前的史家最堪矜悯和使我们感谢的苦心。所以凡事总合详求，不可轻易一笔抹杀。（清修明史时，顾亭林与人书云：“此番纂述，止可以邸报为本，粗具草稿，以待后人，如刘煦之《旧唐书》。”盖冀官书原文保存者多，则真实之史料保存者亦多，此亦前人之苦心也。）

五　读旧史宜注意之点

中国史家，既以作史惟恐其不出于人为宗旨，所以其所最尊重的，为其所根据的材料的原文，不但带有原始材料性质的正史如此，即根据正史等书而编纂的史籍，亦系如此。譬如编年史，在前一卷中，还称旧朝的君主为帝，于新朝的君主，则但称其名；到后一卷中，就可改称新朝的君主为帝，而于旧朝的君主，则改称为某主了。此其最大的理由，固为所谓“穷于辞”，然在前一卷中，所用的还多系前朝的史料，在后一卷以后，则所用的多系后朝的史料，必如此，原文的多数，乃易因仍，亦不失为一种理由。这似乎滑稽，然细思之，称号原无关褒贬，亦无甚可笑也。（近人好将前代帝王的谥号撤去，改称其姓名，如称汉武帝为刘彻是。此实甚无谓。无论谥法或庙号，均不含有尊重或褒美之意，而汉武帝是一个皇帝，则不可以不知。称之为汉武帝，则就其名称，已使人知其为某一朝的一个皇帝矣。若其名为彻，则即不知之，亦无甚妨碍，正不必徒劳人之记忆也。）旧史作者，多须改入自己的口气，因此，虽极尊重原文，终不能无改动，但其改动亦有一定的体例，读书多者，自能知之。

昔人作史的体例如此，所以旧时史籍，多不能作编纂的人的话看，而只能作其所根据的原文的作者的话看，而史籍的性质，是随时代而不同的，于此，就重烦读者的注意了。

怎样说史籍的性质，随时代而不同呢？原来孤见最难传播，所以一个时代，史事传之后来的，必系其时多数人所能接受的一种说法，而其说多非真相。然则事实的真相，有没有知道的人呢？那自然是有的。然在口说流行的时代，对人无从谈起，即或谈起，亦无人为之传述；在使用文字的时代，未必皆笔之于书，即或笔之于书，其书亦少人阅读。经过一个时期，此等较近真相的说法，就随其人之衰谢而烟消云散，而其流传下来的，只是西洋史学家所谓“众所同意的故事”了。所以历史的内容，实和其时的社会程度，很有关系，此点最宜注意。（或谓其时社会的程度既然甚低，何以其时的人机械变诈，曾与后世无异？殊不知为机械变诈之事者乃个人，传历史则群众之力，个人之突出者，各时代皆有之，社会之进化，则自有其一定之程序也。）

从大体上分划，过去的历史，可以分做三个时代，即：

（一）神话时代。这时候，人们还未知道人与物的区别，其文明程度，自然是很低的。然而其时代却是很早的。邃古的史料，大都隐藏于其中。这种材料，在中国人所认为正式的史籍中，似乎不多。因为众所共认为最早的正式的史籍为《史记》，当其编撰之时，社会的文明程度已颇高，故于此等说法，多不之取。《五帝本纪》说“百家之言黄帝者，其文不雅驯”，而所取者专在《大戴礼记》《尚书》一类书，即其明证。然最早的史事，实无不隐藏于神话中，不过经过程度较高的人的传述，逐渐把它人事化，读者不觉其诡异，就共认为雅驯罢了。如能就此等人事化的材料，加以分析，使之还原，还是可以发现其神话的素质的。如《诗经·商颂》说“禹敷下土方”，《书经·禹贡》亦说“禹敷土”，读来绝不见有何神怪之迹，然若将《山海经·海内经》“鲧窃帝之息壤，以湮洪水”，作为敷土的注脚，即可见其中原含有神秘的成分，不过传《诗》《书》的人，不复注重于此，仅作为一句成语传述，而不复深求其中的意义罢了。此等分析的工作，近来所谓疑古派，曾做了一些，虽其说不尽可信，亦于史学有相当的益处。但神话真的有价值，伪造的则转足淆乱史实，用之不可不极谨慎而已。（将中国神话保存得最多的为《山海经》。此书非《汉志》所著录的《山海经》，《汉志》所著录的《山海经》，乃讲建设之书，即古所谓“度地居民”之法，读《汉志》原文可见；今书盖汉以前方士之记录，荟萃成编者，二书偶然同名耳。次则《楚辞》，其中《离骚》《天问》等篇，亦多含古代神话。纬书似系神话渊薮，然出汉人造作，多失原形，用之须极谨慎。道家书中，亦保存一部分神话，则又承纬书之流，其可信的程度更低了。）

（二）为传奇时代。这时代流传下来的史迹，都系人事而非神事，似乎其可信的程度增高了。然其所传的，离奇怪诞实甚，而真相反极少，所以运用起来，要打的折扣还很大。譬如西周，确实的情状，我们虽不之知，然其文明程度，决不至十分低下，则无疑义。而自幽王灭亡以后，百余年间，其地为戎、狄所据，（幽王被杀，事在公元前七七一年。其后秦文公收岐以西之地，岐以东仍献之周，事在公元前七五〇年，然周实不能有；至秦穆公乃东境至河，则已在公元前七世纪中叶了。）把其文明摧毁殆尽。直至战国时，东方诸侯还说秦人杂戎、狄之俗，摈之使不得与于会盟之列。而秦地所以土旷人稀，使秦人能招三晋之人任耕，而自以其民任战者，亦由于此。然则西周的灭亡，是何等大事，然其真相，我们乃绝无所知，所知者则一褒姒的物语而已。此与蒙古自遁入漠北后，至于达延汗之再兴，只传得一个洪郭斡拜济的物语何异？（见《蒙古源流考》。蒙古自遁入漠北以后，至达延汗再兴以前，其自己所传的历史，实远不如《明史》所著者之翔实也。回纥自漠北走西域，《新唐书》所载，事迹颇为明白，而回纥人自己，却仅传唐人凿破其福山，以致风水被破坏，自此灾异迭起之说，亦同此例。见《元史·亦都护传》。）以此推之，《左氏》所载夏姬的事迹，亦宁非此类？不过其粉饰的程度较高而已。此等性质的传说，至汉初实尚不乏，断不容轻信为事实。（试举俗所谓鸿门宴之事为例。按当时反动之思想正盛，其视列国并立，转为常局，一统转为变局，所欲取法者，则东周之世，天子仅拥虚名，实权皆在霸主之局。不过战国时七国之君，皆已易公侯之称而为王，所以当时之人，所拟临制诸王之名为帝。齐愍王与秦昭王并称东西帝；秦围赵之邯郸，魏又使辛垣衍间入围城，劝赵尊秦为帝是也。戏下之会，以空名奉义帝，而项羽以霸王之称为诸王之长，即系实现战国以来此种理想。在当时，安有一个人想据有天下，再做秦皇帝之理？其后汉虽灭楚称皇帝，然其下仍有诸王，则与秦始皇的尽废封建，仍异其局。在当时，人人之思想，皆系如此。蒯彻劝韩信中立于楚、汉之间，韩信不听，《史记》说由韩信自信功高，汉终不夺我齐，韩信再老实些，也不会相信汉高祖是个知恩报恩、不肯背信弃义的人。不过自当时想来，皇帝任意诛灭诸王，实不能有此事耳，此乃自古相传之国际法也。汉高祖尽灭异姓诸王，乃系半靠阴谋，半靠实力，并非法律上的权利。而灭异姓诸王后，亦不能不改封同姓，仍不能一人据之，恢复秦始皇之旧局面也。汉帝对诸王权力之增大，乃由灭异姓、封同姓，中央与列国间，有宗法上统属的关系，亦非自古相传天子之国对诸侯之国的权利。然则，当秦朝甫灭之时，安有一人敢萌据有天下、继承秦皇帝之地位之想？范增说：与项王争天下者必沛公，岂是事实？且军门警卫，何等森严，安有樊哙能撞倒卫士，直达筵前，指责项王之理？古人筵宴，中间诚有离席休息之时，且或历时颇久，然亦必有一个限度，乃汉高祖可招张良、樊哙等同出，与哙等脱身回向本军，张良度其已至，然后入谢。筵宴间的特客，离席至于如此之久而无人查问；带有敌意的宾客，与数人间行出军，亦无人盘诘，项羽的军纪，有如此之废弛者乎？张良献玉斗于范增，范增受而碎之，骂项王“竖子不足与谋”，且当场言“夺项王天下者，必沛公也，吾属今为之虏矣”，增年已七十，素好奇计，有如此之鲁莽者乎？种种事迹，无一在情理之中。然则汉高祖与项羽此一会见，真相殆全然不传；今所传者。亦一则想象编造的故事也。此等传说，在秦、汉间实未易枚举。且如指鹿为马之说，又岂可以欺孩稚邪？）

（三）为传说时代。此期的史实，其最初的来源，仍为人口中的传说，但其所说很接近事实，绝非如传奇时代的离奇怪诞了，然仔细思之，其中所含的文学成分仍不少。譬如《史记》的《魏其武安侯列传》，详述魏其的外高亢而内实势利，喜趋附；武安的器小易盈，骄纵龌龊；以及灌夫的粗鲁任气，以一朝之忿而忘其身，可谓穷形尽相。这断不能凭空杜撰，自然其中多含史实。然观其篇末说武安侯死时，竟有冤鬼来索命，即可知篇中所言，亦仍不可尽信了。此类材料，在唐、宋史中，实尚不免，试观《旧唐书》《旧五代史》及《宋史》，多载时人评论之辞可知。至《元史》以后，则渐少了。

口传较之书面，易于变动，所以史事出于传述的，无意之中，自能将无味的材料删减，有趣的材料增加。这正如《三国演义》，其原始，实系说书先生的底本，不过钞撮历史事实，以备参考，其内容，实和正式的史籍，无甚同异，然到后来，逐渐将说时所附会增益的话，亦行写入，与旧来钞撮的材料，混杂一处，久之遂稍离其真，又久之则面目全非了。试观其愈说得多的部分，离真愈远；而说得少或不甚说及的部分，则仍和正式史籍无甚异同可知。史籍来源出于传说的，其性质实亦如此，不过程度不同罢了。天下有文学好尚的人多，有史学好尚的人少。史学要推求事实的真相；文学则必求复杂的事情简单化，晦暗的事情明朗化。从前军阀纷争的时候，彼此之间，日日钩心斗角，使政治日益紊乱，社会大受影响，这自然是人民所深切关心的。然而多数人，都喜读其时所谓小报，其中内幕新闻之类最受欢迎；而于大报，则能认真阅读者较少。此无他，大报多记事实的外形，其所以然之故，须据事实推求；小报则说得头头是道，如指诸掌，不徒使人相说以解，并可作茶余酒后的谈助而已，然其所言乃无一得实。此其故何哉？人之做事，无不受环境的制约。（利用环境，虽可驯服环境，然必能利用，乃能驯伏之，即其受环境的制约。）所以对于某一个人的行为，苟能熟知其环境者，自易明了其所以然，正不必从幕后窥测，然要熟悉各方面的情势甚难。若将某一个人的行为，归之于其人的性格，或则云由于某一策士的阴谋，或又云由于某一事件的挑动，则其说甚易了解。如此，复杂的事情就简单化，晦暗的事情就明朗化，合乎多数人的脾胃了。这种情况，距今不过数年，总还是我们所亲历，至少是得诸“所闻”的。其来源靠得住么？然而历史事实的来源，如此者亦不乏。

任何人都有一种感觉，读古代的历史，了解及记忆均较易，时代愈后则愈难，因此薄今而爱古。其实适得其反。这正和人们喜欢读小报而不喜欢读大报相同。历史的材料有两种：一种自始即为记录，偏于叙述事情的外形，官文书为最，私家所作碑、铭、传、状等次之；一种则原始出于口传，经过若干岁月，始著竹帛，野史、小说等之来源，大率如此。官文书所说的，固然是官话；碑、铭、传、状等，亦多谀墓之作，然其夸张、掩饰，自有一定的限度，（能伪事之内容，不能伪事之外形。如为贪官污吏作传者，可云其未曾贪污，不能云其未曾作官吏；可讳饰其激成民变之事，不能云民未曾变也。）而且极容易看得出来。将这一部分剥去，所剩下来的，就是事实了。用此等材料所作的历史，将仅剩一连串事实的外形，于内容则全未涉及，而要由读者去推测，最使人感觉苦闷。且读者之推测，乃系后世人的猜想，似不能如并时之人观察所得者的精确。然其结果多正相反。这实由后人的推测，在其事实完全暴露之后，易于原始要终，加以推论；并时的观察家，则无此便利，（史事有一般情形，有特殊事件。一般情形，后人所知者，总不能如当时人之多且确。如今之北京、上海，是何情形？将来史家虽竭力考索，总不能如今日身居北京、上海之人是也。特殊事件，则正相反。身处其时者。往往于其真相全属茫然，有所推测，亦多误谬；而将来之人，则洞若观火。实因事实的全部，悉行暴露，则其中一枝一节之真相，自然明了，不待推求，且甚确实也。枝节悉行明了，全体亦无遁形矣。）而其物亦本系今内幕新闻之流也。（非必著述者有意欺人，其所闻者固如是也。）读史者于此义，亦必不可以不知。（《啸亭续录·国史馆》条云：国初沿明制，惟修列圣实录，附载诸臣勋绩、履历、官阶。康熙中，仁庙钦定《功臣传》一百六十余人，名曰《三朝功臣传》，藏于内府。雍正中，修《八旗通志》，诸王公大臣传始备，然惟载丰、沛世家；其它中州士族，勋业懋著者，仍缺如也。所取皆凭家乘；秉笔词臣，又复视其好恶，任意褒贬，皆剽窃碑版中语。纯庙知其弊，乾隆庚辰，特命开国史馆于东华门内，简儒臣之通掌故者司之，将旧传尽行删薙，惟遵照实录、档册所载，详录其人生平功罪，案而不断，以待千古公论，真修史之良法也。后又重修《王公功绩表传》《恩封王公表传》《蒙古、回部王公表传》等书，一遵是例焉。按列传以碑版、家乘为据，旧有是法，初非修史者敢任其好恶，然清高宗犹以是为未足，而只许依据实录、档册，盖不许天下之人有是非，而欲其一遵当朝之是非，其无道可谓甚矣。然详录其事，案而不断，以待后人论定，则比次之法，固应如是，不能以其出于清高宗之私意而非之。近代修史、立言务求有据，记事侧重外形，固为众所共趋之鹄，亦非清高宗一人之私意所能为也。）

说到此，则并可略论今后作史的方法。现在史学界所最需要的，实为用一种新眼光所作的史钞。史钞之钞，非今所谓照本钞誊之钞。今所谓照本钞誊之钞，昔人称为写、录等，不称为钞。昔人所谓钞，乃撮其精要，而刊落其余之谓。史钞之作，晋、南北朝时最多，读《隋书·经籍志》可见，唐以后就渐少了，这亦可说为史学衰替之一端。史学上的需要，随时代而不同，而每逢学术上的趋向幡然大变之时，则其变动尤剧。今日读昔人所作的历史，总觉得不能满意者以此。编撰新历史，以供今人的阅读，人人能言之。然其所作之书，多偏于议论，并未将事实叙明。此在熟于史事的人，观其议论则可；若未熟史事的人，欲因此通知史事，则势有所不能。此实可称为史论，而不可称为史钞；而其所发的议论，空洞无实，或于史事全未了解，但将理论硬套者，更无论矣。

史钞合作，必将前人所作的历史，（一）仍为今人所需要者因仍之；（二）其不需要者略去；（三）为今人所需要，而前人未经注意者，则强调之使其突出，乃足以当之而无愧。至其文字的体裁，则最好能因仍原文，不加点窜；而自己的意见则别著之，使读者仍能与我们所根据的原材料相接触。如此，分量易多，怕只宜于专门研究的人，而不适于普通的读者。供普通读者阅览之作，怕不能不入自己的口气重作。但根据某书某篇，最好一一注明，使人易于查核；而其改易原文，亦最好有一定的体例，使读者即不查核，亦易分别。此亦为编撰最要之义，不可不注意及之。

至于搜集材料，则目前最紧要之事，实为作史料汇编。除史部固有之书外，更宜将经、子、集三部中有关史事的材料，大举搜集，分为两部分：（一）属于记事的，即前所云足以证明、补充、订正史事的，与史部的记载，相辅而行；（二）为昔人有关史事的见解，此不必论史之作，凡涉及社会、政治，而其中包蕴史事者，皆当采取。因为此等作品，一方面表现昔人对于社会、政治的见解，一方面亦即表现其对于史学的见解。史学的有用，正在于此。使治史学者能多与此等材料接触，自然胸次恢廓，眼光远大，虽性近章句之士，亦不至流于拘泥、琐碎了。这于史学的进步，实在是大有关系的。（更推广言之，则编纂大类书，实为今后的急务。学术本须分类，况自专门变为通学，一人的著作中，可以无所不有，则每治一门学问者，势非读遍天下之书不可，夫岂事所可能？故必合群力，举一切书籍，接学术分门，编成大类书，以供治学者之取材而后可。此其分门固极难确当；所辑得者，亦仅限于普通人所能见得，非有特别之眼光不能搜得者，所遗必多，然苟能尽普通人之力，忠实为之，已足为治学者省无限精力矣。编辑大类书，需要很大的物力，势非政府不能为。历代之政府，亦多行之者。最早者如魏世之《皇览》；最近者如明代之《永乐大典》，清代之《图书集成》是也。然政府所办之事，恒不免官僚主义，故如《大典》《集成》，均不见佳。今日的情势，已与往时不同，甚望文化高潮来临之日，政府能以此为当务之急也。史学所涉甚广，好的史料汇编，有时亦可供治他学者之用。）

附录一　古书名著选读拟目

向来古书名著选读等，系专读一两部书。现拟试改一法：于多种书籍中，选读若干篇，俾学生知识较广，如欲深研，亦可多识门径。选读之书，随所想到，举例如下：

《礼记·王制注疏》（《注》与《疏》须全读。）

孙星衍《尚书今古文注疏》（择读一篇，以见清儒疏释之法。）

陈立《白虎通义疏证》（择读一篇，以见古典制。）

陈寿祺《五经异义疏证》（择读一篇，以知今古文异义所在。）

《管子》（择有关典制者，与《轻重》各读一两篇。）

《老》、《庄》、《荀》、《墨》、（《间诂》。）《韩》、《商》、《孙》

《吕氏春秋》（择读一两篇，以见古人政论。）《淮南》

《史记》（选读与经学有关者。《本纪》与《汉书》对读。《世家》，此合《春秋》与《系世》而成。《列传》随体例选读若干篇。）

《汉书》（除与《史记》对读者外，再读《志》一两篇。）

《后汉书》（与《三国志》择同一人之传，读一两篇，以见史例简严、恢廓之异。）

《晋书》（择读一两篇，以见史家多采杂说之例。）

《宋》《齐》《梁》《陈》《魏》《齐》《周书》（与《南》《北史》对读一两篇，一以见《南》《北史》删削之例及其弊，二以见《南》《北史》以私史增补官书处。）

《新》《旧唐书》的《昭宗纪》对读，以见宋后立例修史者与前此但整齐官书者之异例。《四裔传》中选一两篇对读，以见新书之增事及其妄改文字。

《宋》《明史》（择读一两篇，以见晚近凭官书传状修史之例。）

《通鉴》（择读一两卷，必须连胡《注》、《考异》读。）

《纲目》（随《通鉴》读，以见二书体例之异。）

《通考》（择读一两门。）

《通志》（就《二十略》中择读一二。）

《经世文编》（择读一两卷，此章实斋重文征之意，俾知奏议文集之重要。）

《宋儒学案》《明儒学案》（择读一二。）

《四库书目提要》（读数卷，以启目录学之门径。）

《日知录》《廿二史札记》、（读数卷，以见读书之贯穿事实及钩考有关致用之问题。）《十七史商榷》（中亦可选教条。）

《十七史商榷》《廿二史考异》（钩考一事者，随选读之史翻阅。）

《癸巳类稿》（此书为经生中最有思想者，又多治杂书，可选读一二。）

以上系随意举例。教授时除指示阅读方法外，即与学生于阅后讨论，或竟破除寻常上课形式亦可。学生人数不能多。

此项科目于历史系自最有益。他科（大体以社会科学为限。）欲取材于中国旧籍者亦次之。国文系学生修习者，可以植根柢于经、子、史之中，不致但就文论文。又有志学文者，亦可专辟一部分时间，就文学方面讲授或讨论。

附录二　关于正史（上）

〔名称之由来〕《史通》有《六家》《二体》篇，《隋志》

只认其一，今沿用之，此体称纪、传、表、志体，简称纪传体。

正史之名，系在所载的史事较重要、较完全、较正确之观念下成立。

何种史事为较重要的？就旧日之观念言之，可以马端临《文献通考·总序》之言为其代表：即（一）理乱兴亡，（二）典章经制。

正史皆借政府之力而成。即纂述出于私人，材料亦必得自政府。自南北朝以前，皆由（一）私人，（二）政府委任私人撰述，故其性质为独修；唐以后皆由政府设局，合多人之力编纂，故其性质为众修。二者各有所长，但至后世，因材料日多，独修已成为不可能。

正史最重要之性质为保存材料。编纂者之才、学、识，固有高下之不同，然大体皆知注意于此。

因此，正史本不能看作一人之著述，即独撰者亦然。

古人之著作，原可两说并存，史家尤然，如《旧唐书·高宗王皇后传》为其最显著之例，故后人讥古人矛盾，古人不应负责处甚多。

凡正史皆非极精审之作，甚至系不精审之作，仅就某一时期所能得之材料，加以编纂而已。此中又分两问题：（一）材料不全，此撰述者不能负责；（二）编纂草率，此则撰述者应负其责，而其中最重要之关键为未作长编。

正史并非最原始的史料，但作正史时所据材料，十九不存，故正史在大体上即为原始的史料。

在正史材料的预备中，国家所设立的史官，作用极大，欲知其略，可看《史通·古今正史篇》及拙撰《史通评》中此篇之评。

中国史学家之见解，大体可分三期，皆因事势而变：（一）初期：注重搜辑史料，加以编纂。此期所欲讨论者，为去取编纂之法，刘子玄之《史通》，为其代表。（二）感觉前人所搜史料范围太狭，力求推广。看郑樵《通志·总序》，可知此等见解。（三）第二期之见解仍在，但书籍日多，感觉其不胜读，乃分（甲）比次史材与（乙）著述为两事。前者所以供作史者之取材，后者则以供阅读。前者愈多愈好，故并要有增加材料的办法（亦可谓之保存）。而撰述既成，所据材料仍须保存勿失，以便他人可以校勘或重作。章实斋之《文史通义》涉史学者，几于全部发挥此思想。

正史所根据之材料，自《汉书》以下，大致相同，即皆以史官所记为本，此显而易见，不待论。惟《史记》所据，较为难明，以鄙意观之，重要者有四：（一）左史，《春秋》类，记事；（二）右史，《尚书》类，记言，其流为“语”，如《国语》《论语》，此类书由记言扩及记行，为列传所本；（三）《系世》，合此及左史，大致为本纪、世家所本；（四）典志，八书所本，表原于古代的谱，乃一种著述的体例，内容无定。

凡正史，愈后愈近于客观，因所据者：（一）愈多书面而非口说，难于走样；（二）愈多官书注重事之外形，而不以意测度其内容，即私家著述，亦因史学程度之增高，大体上后代较前代为翔实，但欧、宋改作文字有失真处为例外。

以为正史文字古奥难解，此乃误解。反之，正史均甚接近其时之口语。晋、南北朝、隋、唐之史，虽所载文字颇多靡丽，叙事处亦不然。欧、宋为例外，然宋之文为涩体，欧亦不然。读正史所应谨慎者，特在其中多时代语、方俗语、官书语，或难解，或易误解也。

正史非初治史学者急读之书，因其以人为系统，将事实拆散。初学最要者，读《通鉴》及在《文献通考》中择读切于政治经济者十余门，此最为基本，《通鉴》须连《考异》与胡注读。昔人论史之书如《日知录》《廿二史考异》《廿二史札记》《十七史商榷》等，可泛滥，略见昔人治史之法。

关于正史（下）

表——表之为用甚广，后世国史亦均用之，约举如下：

表
- 表世系者——如《史记·三代世表》。
- 表国者——如《史记·六国表》《唐书·方镇表》、《辽史·属国表》。
- 表事者——如《辽史·游幸表》《金史·交聘表》。
- 表地者——如《五代史·职方表》。
- 表人者——如《辽史·王子表》《公主表》，《元史·后妃表》。
- 表官者——如《汉书·百官公卿表》。

书所以记载典章制度，《史记》中凡八篇，《汉书》以下概称志，志之重要者：

志
- 河渠（沟洫）
- 地理（郡国州郡地形郡县）
- 平准（食货）
- 刑法（刑罚）（刑）
- 艺文（经籍）
- 百官（职官）（《魏书》官氏）
- 选举
- 兵（《辽史》营卫兵卫）

以上各志河渠地理，治历史地理者必读，其余则普通治史者，皆不可不读也。

世家以记有土之君，但其德行功业甚高，本身虽非诸侯，而子孙受爵荣誉，可比一国之君者，亦列世家，《史记·孔子世家》是也。除《史记》外，后世用之者甚少，《晋书》之载记，亦可称世家之变例。

列传载帝王君主以外之人，可分二种：

（一）依时代之先后，顺次编排，不另立名目者，此普通之列传也。（二）汇集同类之人，共为一传，且为之特立名目者，是为类传。此例亦起于《史记》，如《刺客列传》《货殖列传》是也。后世沿用其例者甚多，普通如《儒林传》《文苑传》等是。特殊者如《五代史》之《伶官传》，《元史》之《释老传》等是。类传与普通之传不同者，以其不与时代先后编排也。但普通之传，虽不立名目，亦有具类似之性质者，如开国时群雄之传，必排在最前，叛臣逆臣必排在最后是也。此外以同类相从者尚多，但仍以时间先后为标准耳。

传中最特别者，为外国传。普通之传，皆以传人；外国传，则以传国。《晋书》另载记，亦可称外传之变例也。正史者列于学官之史也，立于学官，本汉人语。汉时“官”与“宫”通，立于学宫之意，即当时学校中所刊之课本也。后世学校仅存其名，然在法律上，课程有常所习之书，亦有规定应科举者亦然，经之立于学官者，谓之正经；史之立于学官者，谓之正史，正史之名，由是而起也。

立于学官之史，原不必拘定体裁，但在事实上所立，皆为《史》《汉》等一种体裁之史。正史固立于学官之名，非体裁之名也。以体裁名之者，或谓之表志纪传体（世家少故略去）。此名固较显明，但正史二字沿用已久，表志纪传之名，又轻累重，故用者甚少，立于学官之史，何故专取此一种体裁乎？厥故有二：

（一）向来史家纪事，注重理乱兴衰、典章经制两种现象。（马端临《文献通考》序说，此非马氏之私言，足以代表一般人之意见。）我国历史记载大事者，除正史外，尚有编年、纪事本末、政书三者，但三者各有所偏，即编年史以时为系统，纪事本末以事为系统，专记理乱兴衰，政书专记典章经制是也。惟表志纪传之史，两者兼赅，立于学官之书，必求完备，不容偏于一方面，此专取此种体裁之故一也。

（二）读史当然以最初之本为佳，与其读第二第三次所编订者，无宁读第一次原本。盖第二第三次所编之史，必以第一次之原本为根据，故原本实为原料，原则上原料恒不误也。吾国习惯后一朝必修前一朝史，所修皆为表志纪传体，故原料之史，恒属此体，此亦其得立于学官之一因也。

六 读旧史入手的方法

我这一次的讲演，初意拟以实用为主，卑之无甚高论的，然一讲起来，仍有许多涉及专门的话。这实缘不读旧史则已，既欲读旧史，则其性质如此，天下事不讲明其性质，是无从想出应付的方法来的，所以不得不如此。“行远自迩，登高自卑”，讲到入手的方法，我们就不能不从最浅近、最简易的地方着眼了。［大抵指示初学门径之书，愈浅近、愈简易愈好，惟不可流于陋耳。陋非少之谓，则不陋非多之谓。世惟不学之人，喜撑门面，乃胪列书名，以多为贵，然终不能掩其陋也。当民国十二、三年时，胡适之在北京，曾拟一《最低限度的国学书目》，胪列书名多种，然多非初学所可阅读，甚至有虽学者亦未必阅读，仅备检查者。一望而知为自己未曾读过书，硬撑门面之作。梁任公评之云：四史、三通等，中国的大学问都在此中，这书目一部没有，却有《九命奇冤》。老实说，《九命奇冤》，我就是没有读过的。我固然深知我学问的浅陋，然说我连最低限度都没有，我却不服（因原载此评的杂志已为倭寇毁，无原文可以查检，语句不尽相符，然大致必不误）。真可发一噱。任公亦自拟一通，就好得多。］

旧时史部之书，已觉其浩如烟海；而如前文所述，欲治史者，所读的书，还不能限于史部，而且并没有一个界限，竟把经、子、集三部的书都拉来了。这更使人何从下手呢？且慢，听我道来：

欲治史者，所读的书，因不能限于史部，然仍宜从史部为始，而且在史部之中，要拣出极少数、极紧要的书来。

此事从何着手？

旧史偏重政治，人人所知；偏重政治为治史之大弊，亦人人所知。然（一）政治不可偏重，非谓政治可以不重；（二）而政治以外的事项，亦可从政治记载之中见得。（如旧史的食货志，虽偏重财政，然于社会经济情形，亦多涉及。又如百官志，似乎专谈政治，然某一朝的政府，对于某种经济、文化事业，曾设官加以管理，某一朝却放弃了，亦可于其中见得。举此两端为例，其余可以类推。）此二义亦不可不知。所以旧时史家视为最重要的部分，仍为今日读史极重要的部分，而宜先读。

旧时史家视为最重要的部分，是哪一部分呢？这个问题，我们可以读马贵与先生的《文献通考·总序》而得到解答。他把史事分为两大类：一曰理乱兴衰，一曰典章经制。前者是政治上随时发生的事情，今日无从预知明日的；后者则预定一种办法，以控制未来，非有意加以改变，不会改变。（此就形式言，其实际有效与否，另是一回事。）故前者可称为动的史实，后者可称为静的史实。历史上一切现象，都可包括在这两个条件之中了。

正史之所以被认为正史，即因其有纪、传以载前一类的史实，有志以载后一类的史实。然纪、传以人为主，把事实尺寸割裂了，不便观览，（这一点，是不能为太史公咎的。因为后世的历史，纪、传所纪之事，多系同一来源，而将其分隶各篇，所以有割裂之弊。若《史记》则各篇之来源各别，如前说，古人本不使其互相掺杂，亦不以之互相订补也。）所以又有编年体，与之并行。编年体最便于通览一时代的大势，（任何一件事情，都和其四周的情势有关系，不考其四周的情势，则其事为无意义。然欲将四周情势叙述完备甚难；过求完备，又恐失之过繁；而时间为天然的条理，将各事按其发生之先后排列，则每一事之四周情势，及其前因、后果，均可一目了然，此编年史之所以似繁杂而实简易也。现在学生读史的，往往昧于一时代的大势，甚至有朝代先后亦弄不清楚的。这固由于其人的荒唐，然亦由所读的历史，全系纪事本末体，各事皆分开叙述之故。倘使读过一种编年史，就不至于此了。此供学习用的历史，所以贵诸体并行也。编年史在统一的时代要，在列国并立、或统一后又暂行分裂的时代为尤要。欧洲历史分裂时长，且迄今未曾统一，又较中国为要。现在世界大通，中外史事互有关系，则追溯从前，亦宜知其相互间之关系；即无直接关系，亦宜将其彼此间的情势，互相对照。然则合古今、中外，而用编年体作一简要的新史钞，实于史学大有裨益也。编年史有两种体裁：一如《通鉴》，逐事平叙，与单看《左传》同。一如《纲目》，用简单之语提纲，其笔法如《春秋》经，事情简单的，其下即无复文字；繁复的，则于下文详叙，低一格或双行书之，谓之目。网、目合观，恰如将《春秋》与《左传》合编一简。编年史年代长者，一事在于何时，不易检索。因此，温公作《通鉴》，曾自撰《目录》。然《目录》实不完全，且别为一编，检索仍觉不便。若《纲目》，则阅览时可兼看其目；检索时可但看其网，而所检索者即系本书，尤较另编目录为便利。朱子创此体以救《通鉴》之失，实为后胜于前，不能以其编纂不如《通鉴》之完善而并訾之也。读《通鉴》时，宜随意取一两年之《纲目》，与之并读，以见其体裁之异同。）且最适于作长编。（作史必先搜集材料，材料既多，势必互有异同，互相重复，故必依一定之条理，将其编排，则同一之材料，自然汇合到一处；重复者可去，异同者亦不待考校而是非自见；其或仍不能判，即可两说并存矣。条理如何，初无一定，要必依其事之性质，实即其事所自具也。时间为最普遍的条理。无他种条理可用时，时间的条理必仍存。即按他种条理分类，每一类之中，时间之先后，仍不可不顾也。）在历史年代不长时，得此已觉甚便，一长就不然了。一事的始末，往往绵亘数十百年，其伏流且可在数百千年以上，阅至后文，前文已经模糊了，要查检则极难。所以又必有纪事本末体，以救其弊。（必时间长乃觉有此需要，此纪事本末一体，所以必至袁枢因《通鉴》而始出现也。）有此三者，（谓纪传、编年、纪事本末三体也。纪传体以人为主，固不免将事实割裂，然人亦自为史事一重要之因素，非谓其能创造时势，乃谓其能因应时势，代表时势之需要耳。故钩求理乱兴衰一类的事实者，非有编年、纪事本末两体以补纪传体之缺不可，而纪传体又卒不能废也。）理乱兴衰一类的事实，可谓很有条理系统，编纂者都能使之就范了。然典章经制，亦宜通览历代；而正史断代为书，亦将其尺寸割裂。于是又有政书以弥其憾。有此四者，而旧日史家所重视的政治事项，都能俯就编纂者的范围了。

读书宜先博览而后专精。世界上一切现象，无不互相关联，万能博士，在今日固然无人能做，然治学者，（一）于普通知识，必宜完具；（二）与本人专治的学问关系密切的科目，又宜知之较深；（三）至于本科之中各方面的情形，自更不必说了。所以要治史学者，当其入手之初，必将昔人认为最重要之书，先作一鸟瞰。（一切事无不互相关联。所以专治一事者，于他事亦不可茫无所知。近来有伪造唐初钞票以欺人者，人亦竟有受其欺者，即由近人之治学门径太窄之故。若于唐代社会经济、货币、官制、印刷术等方面的知识稍形广阔，即知无论从那一方面立论，唐初决不能有钞票也。）然以中国史籍之多，即将最重要的部分作一鸟瞰，已经不容易了。于此，我们就要一个“门径之门径，阶梯之阶梯”。（张之洞《輶轩语》中语。《輶轩语》者，张之洞任四川学政时，教士子以治学门径之作也。）

于此，我以为学者应最先阅览的，有两部书：（一）《通鉴》。此书凡二百九十四卷，日读一卷，不及一年可毕。读时必须连《注》及《考异》读。《注》中关系官制、地理之处，更应留心细读。这两门，是胡身之用功最深处，可见得古人治学之细密。凡治史，固不必都讲考据，然考据之门径，是不能不知道的；于注释亦应留意，否则所据的全系靠不住的材料，甚至连字句都解释错了，往往闹成笑柄。［如胡适之，昔年疑井田制度时，称之为豆腐干式，将昔人设法之谈（设法，谓假设平正之例），认为实事，已可笑矣，犹可说也。后乃误古书之方几里者为几方里。不但振振有辞，且于纸角附以算式。逮为胡汉民指出，乃曰：我连《孟子》都忘了。其实此乃根本没有懂，无所谓忘也。旋又据今日之经纬度而疑《汉书·西域传》所载各国道里为不实，作为古书数字不确之证。不知《汉书》所载者，乃人行道里；经纬度两点间之直线距离，则昔人谓之天空鸟迹。截然两事，明见《尚书·禹贡疏》。不读《禹贡疏》，甚而至于不读《孟子》，本皆无足为奇，然欲以史学家自居而高谈疑古则缪矣。其说皆见昔年之《建设杂志》。］（二）次为《文献通考》。（论创作的精神，自以《通典》为优；然《通考》所分门类，较《通典》更密，不可谓非后起者胜。且马君所附考证，议论亦不乏，非徒能排比也。章实斋讥为策括之流，盖于此书实未细读，后人附和之，非知言也。《通志》二十略中，《六书》《七音》《校雠》《图谱》《金石》《昆虫》《草木》等，为旧时史志及《通典》《通考》所无，然非初学所急。故但就《通考》中裁取若干门类。）可择读以下诸门：《田赋考》七卷，《钱币考》二卷，《户口考》二卷，《职役考》二卷，《征榷考》六卷，《市籴考》六卷，《土贡考》一卷，《国用考》五卷，《选举考》十二卷，《学校考》七卷，《职官考》十一卷，《兵考》十三卷，《刑考》十二卷，《封建考》十八卷，共一百零四卷，日读一卷，三个半月可毕。（三）此外，章实斋在其所著《文史通义》中，竭力强调别编文征，以补后世有关系的文字太多，正史不能备载之缺。此即予所言治史宜兼考集部中不属于记载部分之理。凡纂辑历代文字者，如《全上古三代秦汉三国六朝文》等，固均有此作用。然其时代最近，读之易于了解，且易感觉兴味者，要莫如贺耦庚的《经世文编》，（此书题贺耦庚之名，实则魏默深先生所辑。续编有数种，内容之丰富，皆不逮之。）可随意泛览数卷，以见其体例。前人读史，能专就一事，贯串今古，并博引史部以外的书籍，以相证明，（此可见其取材之广。）而深求其利弊的，莫如顾亭林的《日知录》，（亭林此书，就所搜集之材料观之，似尚不如今人所作专题论文之广，然昔人之为此，意不在于考据，故于材料，必有关论旨者然后取之，余则在所吐弃，非未曾见也。严格论之，必如此，乃可称为著述，徒能翻检钞录，终不离乎比次之业耳。）可先读其第八至第十三卷。其包孕史事，意在彻底改革，最富于经世致用的精神的，莫如黄梨洲的《明夷待访录》，卷帙无多，可以全读。清代考据家之书，钱辛楣的《廿二史考异》，最善校正一事的错误；王西庄的《十七史商榷》，长于钩稽一事的始末；赵瓯北的《廿二史札记》，专搜集一类的事实，将其排比贯串，以见其非孤立的现象而发生意义；均宜随意泛览，以知其治学的方法。此等并不费时间。然则我所举第一步应读之书，苟能日读一卷，不使间断，为时不过一年余耳。必有人讥议我所举的不周不备。既读《通鉴》，如何不读《续通鉴》《明通鉴》或《明纪》呢？既读《通考》，如何不读《续通考》《清通考》《续清通考》呢？难道所知者只要限于五代、宋以前么？殊不知我所言者，乃为使初学者窥见旧时史籍体例起见，非谓以此使其通知史实。若要通知史实，则所求各有不同，人人宜自为之，他人岂能越俎代庖，一一列举？老实说，所谓门径，是只有第一步可说，第二步以下，就应该一面工作，一面讲方法的。方法决不能望空讲，更不能把全部的方法一概讲尽了，然后从事于工作。譬如近人教人读史时，每使之先读《史通》《文史通义》。此两书诚为名著，然其内容，均系评论前人作史的得失。于旧史全未寓目，读之知其作何语？讲亦何从讲起？所以我所举初学应读之书，就不之及了。（史部书目分类，历代各有不同，然大致亦相类。今试举最后的清代四库书目为例，则我所指为史部重心的，实为正史、编年、纪事本末、政书四类。居今日而治史学，重要者固不尽于此，然此四者，仍不失其最重要的性质，说已具前。四类书中，我所举者，仅及编年、政书两类。因正史事实割裂，初学不易读；纪事本末，则读《通鉴》时可以翻阅其目录，知一时代之中共有几件大事，而欲查检前文时，亦可于此中求之，则不待读而已可通知其体例矣。此四类之外，曰别史，系体裁与正史相同，而未列为正史者；曰杂史，则体例与正史相异，而所纪事实，与之相类者；曰诏令奏议，则文征之一部分耳；曰传记，专考一人之行事，正史中之列传，尚且从缓，此自暂可搁置；曰载记，系记偏方诸国之事者，少数民族之历史，或包含于其中，于研究此问题者，甚为重要，初学亦难遽及；曰时令，此本不应入史部，讲经济史者，于治农家之书时，可供参考耳；曰职官，既从《通考》中知其大略，一时自不必求详；曰目录，治学术史时宜求之，此时亦可不及；曰史评，最要者为《史通》《文史通义》两书，此时之不能读，正文中已言之矣。惟地理一门，知其大概，亦颇切用。昔人于此，均先读《读史方舆纪要》。此书之观点，太偏于军事，然在今日，尚无他书可以代之。学者若能取其《总论历代州域形势》九卷，与一种州郡名较完全的读史地图对照；于各省，则取其论封域及山川险要者，及各府下之总论，粗读一过，费时亦不过月余耳。史部之书，初学第一步当读者，略尽于此。虽简易，似不失之陋。亦从工作中求门径，非空讲方法也。经、子之学，于治古史者关系最大，别见下节。子部中之医家、天文、算法、术数、艺术等，治专门史者乃能读之。较普通者，为关涉农、工二业之农寒、谱录两类，亦非初学所及也。）

凡读书，决无能一字一句，无不懂得的。不但初学如此，即老师宿儒，亦系如此。吾乡有一句俗话说：“若要盘驳，性命交托。”若读书必要一字一句都能解说，然后读下去，则终身将无读完一部书之日，更不必说第二部了。其实，有许多问题，在现时情形之下，是无法求解的；有些是非专门研究，不能得解；即能专门研究，得解与否，仍未可知的；有些虽可求解，然非读下去，或读到他书，不能得解，但就本文钻研，是无益的；并有些，在我是可不求甚解的。不分轻重缓急，停滞一处，阻塞不前，最为无谓。所以前人教初学读书，譬诸略地，务求其速，而戒攻坚。但定为应读的，略读则可，越过则不可，因为越过是不读，非略读耳。

七　治古史的特殊方法

上节所说，乃系指普通欲读中国旧史者而言；如性喜研究古史的，则更须有一种特殊的预备工作。

此所谓古史，古近之分，大略以周、秦为界。史事必凭记载，有无正式的记载，实为历史上一道鸿沟。我国在秦及汉初所传的史实，固多根据传说，全不可信。然史实的来源，虽系传说，而作史者所根据的材料，则多系记载，且其记载多系为记载而记载，而非凭借别种著述流传下来。当此时期，我们就算它有正式的记载了。［史公所记汉兴时事，《汉书·司马迁传赞》谓其出于楚、汉春秋，此非指陆贾所著，春秋二字，为古史籍之通称，盖凡记楚、汉间事者皆属焉。其书既可总括称为春秋，必系为记事而作，非发表主观见解，引史事为佐证，甚或出于虚构者矣。秦、汉间史迹，仍有带此等性质者。如《史记·李斯列传》载斯在狱中上二世书，论督责之术以求免，盖儒家诋毁法家者所为。《娄敬传》载敬说汉高祖移都关中，其辞全为儒家之义（见《吕览·恃君览》），盖亦儒家所附会也。然此等渐少，故论史籍原料者，有书籍为据，与有史籍为据，仍系两事也。］这种转变，大体以周、秦为界。所以治周以前的历史，即所谓先秦史者，是有一种特殊的方法的，但知道普通读史方法还嫌不够。

读古史的方法如何？即治经、子的方法而已。因为古史的材料，都存于经、子之中。所以治古史的，对于治经、子的方法，虽不必如治经、子之学者之深通，亦宜通知至足以治古史的程度。史事前后相因，后世之事，无不导源于古。所以治古史之法，但欲读普通史者，亦不可全不知道，不过较专治古史者，又可浅近一些而已。因其方法特殊，所以别为一节论之。读者可视其对于古史兴味的深浅，以定其对于本节所说用功的深浅。

把书籍分为经、史、子、集四部，乃系后世之事，在古代则无集而只有子，说已见前。现存最古的书目，实为汉时刘向、刘歆父子所定的《七略》。《汉书·艺文志》即本此而成。此为汉时王室藏书的目录。其所藏庋颇富，故据之以论古代学术的流别，最为完全。（近人讲古代学术流别，多喜引《庄子·天下》《荀子·非十二子》《淮南子·要略》及《史记·自序》载其父谈论六家要旨之辞，此等诚皆极宝贵之材料，然皆不如《汉志》之完全。）因其时代较早，学术尚守专门，所以书籍的分类和学术的分类，大致相合，深为后人所景仰。其实此乃时代为之，不关编次者之本领也。《七略》中的《辑略》，仅总论编辑之意，其中并无书目。《六艺略》即群经，因汉人特尊儒家，乃别之于诸子之外，其实儒家亦诸子之一，说已见前。《兵书》《数术》《方技》，各为专家，因校雠者异其人，所以书亦各为一略，以学术流别论，自当列为诸子之一。《诗赋略》专收文辞、记事之书，并不别为一类。今之《史记》，《汉志》称为《太史公书》，特附《春秋》之末而已。然则就心理根据言之，其时根于记忆的记载，尚未与根于理智的学术分张，而特与根于情感的文辞对立也。《诗赋略》中的书，后世亦多入子部。然则欲治古史者，其材料，信乎都在经、子之中了。

经、子，我们本平等相看，然自汉以后，儒家之学盛行，（一）其书之传者独多，（二）而其训释亦较完备。借径于治经以治子较易，而独立以治子，则殆不可能。所以要治古史的，于经学，必不可不先知门径。

治经的门径如何？第一先须细读经的本文。凡书经熟读，则易于了解，而治之不觉费力，且随处可以触发。从前读旧书的人，小时都熟诵经文，所以长大了要治经较易。现在的学子，这一层功夫都没有了，再要补做，既势不可能，而亦事可不必。因为一一熟诵，本来亦属浪费也。但古经、子究较后世之书为难解，读时用力稍多，则势不能免。所以对于古史有兴味的人，最好能于群经中先择一种浅近的注解，（此只求其于本文不太扞格，可以读下去而已。既非据为典要，故任何注释皆可取，总以简明易看为主。）阅读一过。觉得其有用而难解之处，则多读若干遍，至读来有些习熟，不觉费力为止。群经本文无多，昔人言读注疏虽不甚费力，亦一年可毕，（谭仲修语。）况于择取浅近的注？为时不逾一载，可以断言。第二须略知训诂。读古书须通古代的言语，人人所知。训诂本身，亦为一种学问，治古史者，自不必如治小学者之专精，只须通知门径，遇不应望文生义之处，能够知道，能够查检而已。其第一部应读之书，仍为《说文解字》。（无论钟鼎、甲骨文字，考释者均仍以篆书为本。不知篆书，不徒自己不能解释，即于他人之解释，亦将不能了解也。）此书看似枯燥，但其中的死字可以看过便弃；熟字只有固定意义的，亦不必究心；（如鲤字是。虎字同为动物名，然有虎虎有生气等语，其含义便较广。）只其有引伸、假借的，须注意以求通知其条例。（字之妙用，全在引伸、假借。若每字只有一义，则单字必不够用。若有一义即造一字，则单字将繁极不堪，不可复识矣。且文字所以代表语言，语言以音为主，音同义异，而各别造字，而义之同异，各人所见不同，益将纷然淆乱矣。一种言语内容的丰富，固恃复音之辞之增多，亦恃为复音之辞之基本之单字含义之丰富。单字含义之丰富，则一由引伸，一资假借。引伸者，同一语言，而含多义，自不必别造一字；假借者，本系两语，而其音相同，于其不虞混淆者，亦即合用而不别造，皆所以限制单字之数者也。）如此，则全书字数虽有九千余，其所当注意者，实不过数百而已。全书十四篇，加《序》一篇，以段懋堂的《注》和王菉友的《句读》，同时并读，（《说文》一书，久不可读，清儒始创通条例，其首出者实为段懋堂，故段《注》虽专辄、错误处多，必不可以不读。王菉友于《说文》，亦功力甚深，《句读》系为初学而作，简浅而平正，且可附带知古书句读之法，故亦宜一读。）假令半个月读一篇，为时亦不过七个半月而已。又凡字都无十分固定的意义，随着应用而都小有变化。此不能于训诂之书求之，非读书时涵泳上下文不能得。此法至清代高邮王氏父子而始精，且几乎可说到他们而后创通。所以王伯申的《经传释词》，必须一读。不求记忆而但求通知其条例，阅览甚易。全书十卷，日读一卷，可谓绝不费力。

经的本文既经熟习，训诂亦有相当门径，要研究古史的，自可进而阅读各种注、疏。（疏谓注之注，非专指汇刻之《十三经注疏》言。）但在阅读注、疏以前，尚宜有一简单的预备。因为解经大别有汉、宋二流，讲义理别是一事，治史则旨在求真，汉人之说，自较宋人为胜，（汉儒理解之力，远逊于宋儒。但宋儒喜据理推论，而不知社会之变迁，多以后世情形论古事，每陷于错误；汉儒去古近，所知古事较多，其言有时虽极可笑，究于古事为近真。）而汉学中又有今、古文两派，对于经文的解释，甚至所传经文的本身，都时有异同，亦必须通知其门径也。学者于此，当先读陈恭甫的《五经异义疏证》。此书乃许慎列举今古文异义，加以评骘，而郑玄又对许氏加以驳正者，今古文异义重要的，略具于此。（今古文说，初非每事俱异。朱希祖曾在《北京大学》月刊撰文，欲依“立敌共许”之法，取经文为今古文家所共认者，立为标准，然后据以评定其异义。不知异义之存，皆用此法不能评定者也。不然，从来治经者，岂皆愚騃，有此明白简易之法而不之取邪？况就今学立场论，经文并不重于经说，因经学所重在义，义多存于口说中，且经文亦经师所传，经师所传之经文可信，其所传之经说亦可信，所传之经说不可信，则所传之经文亦不可信。朱氏偏重经文，即非立敌共许之法也。）次则《白虎通义》，为今文经说的荟萃。此书有陈卓人《疏证》，浏览一过，则于经学中重要的问题，都能知道一个大概，然后进而求详，自然不觉费力，且可避免一曲之见。（廖季平的《今古文考》现在不易得。此书论今古文之异，原于一为齐学，一为鲁学，实为经学上一大发明。又前此分别今古文者，多指某书为今文，某书为古文；其细密者，亦不过指某篇为今文，某篇为古文。至廖氏，始知古书编次错乱，不但一书之中，今古杂糅；即一篇之中，亦往往如此。分别今古文者，宜就其内容互相钩考，方法可谓最密。廖氏中年以后，学说渐涉荒怪，然不能以此累其少作。此书如能得之，可以一览，卷帙甚少，不费时也。）经、子所重，都在社会、政治方面，此于治经、子者固为重要，于治史者实更为重要也。《异义》三卷，《通义》十二卷，日读一卷，不过半个月，合诸前文所举，历时亦仅两年耳。

经学既有门径，同一方法，自可推以治子。治子第一步工夫，亦在细读子之本文。古子书重要的有：《老子》二卷，《庄子》十卷，（《列子》系晋张湛伪造，中亦间存古说，初学可暂缓。）《荀子》二十卷，《墨子》十五卷，（名家之学，道原于墨，见其书中之《经》上、下，《经说》上、下及《大取》《小取》六篇。至惠施、公孙龙等而恢廓，见《庄子·天下篇》。名家之书，今有《公孙龙子》。其书《汉志》不著录，必非古本；但辞义古奥，不似伪造，盖古人辑佚之作，初学可从缓。）《管子》二十四卷，《韩非子》二十卷，《商君书》五卷，《孙子》一卷，（《吴子》一卷，《司马法》一卷，亦出辑佚，无甚精义，可从缓。《六韬》，论者以其题齐太公撰而指为伪。然古书用作标题之人，本不谓书系其人手著，特谓其学原出此人耳。此说并亦不足信，然与书之真伪无关，因此乃古人所谓“名其学”，当时学术界有此风气也。《六韬》绝非伪书，然多兵家专门之言，初学亦可暂缓。）《吕氏春秋》二十六卷，《淮南子》二十一卷。（此书虽出汉世，多述古说，与先秦诸子无异。）其《周书》十卷，（此书世多称为《逸周书》。逸乃儒家所用之名词，诗、书等不为儒家之经所取者，则谓之逸。不站在儒家之立场上，实无所谓逸也。此书与儒家所传之《尚书》，体裁确甚相似，然述武王灭殷之事，即大不相同，可见古所谓书，亦春秋、战国时人作，其原出于古记言之史，然决非当时史官原作也。）《战国策》三十三卷，旧入史部，然《周书》实兵家言，《战国策》实纵横家言，（《鬼谷子》伪书，且无价值。）并诸子之一。《山海经》十八卷，旧亦入史部；《楚辞》十七卷，则入集部。二书中藏古神话最多，且最真，说已见前，并宜阅读。诸书合计二百二十二卷，日读一卷，费时亦不及两年也。注释可择浅近易晓者读之，亦与读经同。

读古史必求之经、子，可试举一事为例。秦始皇之灭六国，实变诸侯割据的封建国家为中央集权的封建国家，其事在公元前二二一年，距今（一九五四年）不过二千一百七十五年耳。自此以前，追溯可知的历史，其年代必尚不止此。中国以中央集权成立之早闻于世界，然其与诸侯割据之比尚如此，足见其事非容易。此自为历史上一大转变，然其事迹，求诸古代的记载，可见者甚少，而求诸古人学说之中，则反有可见其概略者。经书中言封建之制：今文为公、侯皆方百里，伯七十里，子、男五十里，不能五十里者，不达于天子，附于诸侯，曰附庸。（《礼记·王制》《孟子·万章下篇》。）古文则公方五百里，侯四百里，伯三百里，子二百里，男百里。（《周官·大司徒》。）诸子之说，大致皆同。（诸子书《管子》多同古文，因其与《周官》同为齐学也。余皆同今文。观诸子书不与今同，即与古同，即可知其非无本之说也。）古书所言制度，非古代的事实，而为学者所虚拟的方案，理极易明，无待辞费。然思想亦必有事实为背景，而向前看，非向后看之理，昔人不甚了解，故其思想，又必较时代为落后。然则今文家的学说，盖出春秋时，而其所欲仿行者，为西周初年的制度；古文家的学说，盖出战国时，而其所欲仿行者，为东周初年，亦即春秋时的制度。何以言之？按《穀梁》说：古者天子封诸侯，其地足以容其民，其民足以满城而自守也。（襄公二十九年。）此为立国自有其一定的大小，不容强事扩张，亦不容强加限制的原因。《左氏》说夏少康“有田一成”，（哀公元年。）此语当有所本。《易·讼卦》：“其邑人三百户。”《疏》云：“此小国下大夫之制。”《周礼·小司徒》：方十里为成，九百夫之地，沟渠、城郭、道路，三分去一，余六百夫，又以不易、一易、再易，定受田三百家。《吕览》谓“海上有十里之诸侯”，（《慎势篇》。）《论语》谓管仲“夺伯氏骈邑三百”，（《宪问篇》。）正指此。然则夏代的名国，在东周时，仅为小国下大夫之封了，可以见其扩张之迹。方百里之地，划为一政治区域，在中国行之最久。此其形势，盖确定于春秋时。方七十里、五十里及不能五十里之国，在西周时，盖尚当获厕于会盟、征伐之列；然至东周之世，即浸失其独立的资格，而沦为人之私属；（如《左氏》襄公二十七年弭兵之会，齐人请邾，宋人请滕，以为私属，二国遂不与盟。）而其时的大国，却扩充至五百里左右；（《礼记·明堂位》说：成王封周公于曲阜，地方七百里。《史记·汉兴以来诸侯年表》说：周封伯禽、康叔于鲁、卫，地各四百里；太公于齐，兼五侯地。皆后来开拓的结果，说者误以为初封时事。）据此形势而拟封建方案者，就起于百里而终于五百里了。然大于百里之国，初非将百里的区域撤销，而改组为二百里、三百里、四百里、五百里的区域，乃系以一较大的区域，而包含若干个方百里的区域于其中。观楚灭陈、蔡，以之为县；（《左氏》昭公十二年。）晋亦分祁氏之田为七县，羊舌氏之田为三县；（《左氏》昭公二年。）商君治秦，亦并小都、乡、邑聚以为县；（《史记·商君列传》。）而秦、汉时之县，仍大率方百里可知。（《汉书·百官公卿表》。）此一基层的官治单位，迄今未有根本的改变，所以说行之最久。而五百里左右的政治区域，则为郡制成立的根源。此为郡县制度发生于割据时代的事实，亦即中央集权的封建制度，孕育于诸侯割据的封建制度之中。至于方千里之国，（《左氏》襄公三十五年，子产说其时的大国，“地方数圻”，圻、畿一字，则又大于方千里。盖以其幅员言之如此，其菁华之地，则不过方千里而已，犹后世内地与边郡之别也。）则今、古文家同谓之王，在周以前，从无封国能如此之大，亦从无以此等大国而受封于人的，所以拟封建方案者，并不之及了。（楚、汉之际及汉初封国。有大于此者，然只昙花一现而已。）古人立说，主客观不分，将自己所拟的方案，和古代的事实，混为一谈，遂使人读之而滋疑，然苟能善为推求，事实自可因之而见。且如今文家说巡守之制：岁二月东巡守，至于岱宗；五月南巡守，至于南岳；八月西巡守，至于西岳；十有一月北巡守，至于北岳。这无论其都城在何处，巡完一方后回到都城再出，抑或自东径往南，自南径往西，自西径往北，以古代的交通论，都无此可能，其说似极不可信。然《孟子·梁惠王下篇》载晏子说巡守之制云“春省耕而补不足，秋省敛而助不给”，则后世知县之劝农耳，何来不及之有？古人所拟方案，皆本于此等小规模的制度而扩大之，而其方案遂实不可行，使其纯出虚构，倒不至于如此不合情理了。足见其中自有事实，可以推求也。举此一事为例，其余可以类推。（今古文异说，今文所代表的，恒为早一期的思想，其中即隐藏着早一期的事实；古文则反是。如言兵制，古文的兵数，即多于今文。）

职是故，刘子玄所谓“轻事重言”之说，不得不常目在之，而利用经、子中材料的，不得不打一极大折扣。因为随意演说的，往往将其事扩大至无数倍也。[如禹之治水，如今《尚书·禹贡》等所说，在当时决无此可能。此在今日，已无待辞费。《书经·皋陶谟》（今本分为《益稷》），载禹自述之辞曰：“予决九川距四海，浚畎、浍距川。”九者，多数。川者，天然之河流。四海之海，乃晦字之义，四境之外，情形暗昧不明之地，则谓之海，非今洋海之海也。畎、浍者，人力所成之沟渠。然则禹之治水，不过将境内的沟渠，引导到天然的河流中；而将天然的河流，排出境外而已。《孟子·告子下篇》：白圭自夸其治水"愈于禹"，孟子讥之。谓禹之治水，"以四海为壑，今吾子以邻国为壑"，而不知禹之所谓四海，正其时之邻国也。白圭盖尚知禹治水之真相。《论语·泰伯篇》：孔子之称禹，亦不过曰"尽力乎沟洫"而已。此等皆古事真相，因单辞片语而仅存者，一经随意推演，即全失其原形矣。]又因主客观不分，所以其所谓"寓言"者，明系编造之事，而可以用真人名；（如《庄子·盗跖篇》载孔子说盗跖之事。）又可将自己的话，装入他人口中。（如本书所引娄敬说汉高祖之事即是。）所重之言如此；而其所轻之事，则任其真相湮没。（凡单辞片语未经扩大者，其说皆可信，然其详则不传。）因此，读古书的，于近人所谓"层累地造成"之外，又须兼"逐渐地剥落"一义言之，方为完备。而编次错乱一端，尚不在内。其方法，就不得不极其谨严了。但古人的思想，所走的系两极端。一方面，自己立说的，极其随便；一方面，传他人之说的，又极谨严。此即前所云传信传疑，及所据的材料、来源不同，不使其互相羼杂，亦不以之互相订补之例。书之时代愈早者，其守此例愈严。太史公的《史记》，所以胜于谯周的《古史考》、皇甫谧的《帝王世纪》者以此，此义亦决不可以不知。

以上的工夫既已做过，即可试读《史记》的一部分，以自验其能否了解、运用。中国所谓正史，必须以读古史的方法治之者，实惟此一部也。说到此，则又须略论史籍的起源。按古无史部之书，非谓其无历史的材料；相反，历史的材料正多，特其时的人，尚未知尊重客观的事实，莫能编纂之以行世耳。史料的来源，可分为史官记录、民间传说二者，民间传说，流传的机会较少，传世者实以史官所记录为多，说已见前。此等情形，乃系逐渐造成，在古代则又有异。古所谓史官，最重要者为左、右史。“左史记事，右史记言，言为《尚书》，事为《春秋》”，（《礼记·玉藻》说：“动则左史书之，言则右史书之。”郑《注》说：“其书，《春秋》《尚书》其存者。”《汉书·艺文志》说“右史记事，左史记言”，左右二字怕互讹。《礼记·祭统》说“史由君右，执策命之”，亦右史记言之证也。）这说法，大约是不错的。《春秋》的体例，盖原于邃古，其时文字之用尚少，而事情亦极简单，因之记事的笔法，亦随之而简单，而后相沿未改，其为物无甚兴味，所以传述者不多。而《尚书》一体，因记言扩及记行，遂成为后来的所谓“语”，与古代社会口说流行的风习相结合，其体遂日以扩大。（语之本体，当系记人君的言语，如今讲演之类。其后扩而充之，则及于一切嘉言；而嘉言之反面为莠言，亦可存之以昭炯戒。记录言语的，本可略述其起因及结果，以备本事；扩而充之，则及于一切懿行；而其反面即为恶行。如此，其体遂日以恢廓了。《国语》乃语之分国编纂者，《论语》则孔子之语之分类编纂者也。《史记》的列传，在他篇中提及，多称为语，如《秦本纪》述商鞅说孝公变法曰“其事在《商君语》中”是也。《礼记·乐记》述武王灭殷之事，亦谓之“牧野之语”。）此外记贵族的世系的，则有系、世，出于《周官》的小史及瞽蒙。又凡一切故事，官家具有记录的，总称为“图法”，即后世的典志。（《吕览·先识览》：夏之亡也，太史终古抱其图法以奔商；商之亡也，太史向挚抱其图法以奔周。）自战国以前，历史的材料，大致如此。秦始皇的烧书，厂古书亡灭的总咎，实则其所烧者，不过官家所藏；若私家所藏，即所谓诗书百家语者，烧之必不能尽。然在战国以前，除《世本》一书外，殆未有能编辑史官所记以行世者，故经始皇一烧而即尽，说已见前所引《史记·六国表》。《世本》一书，盖私人所编辑，已在民间所藏诗书百家语之列，故为秦火所不及。然则以《世本》为最早的历史，为《史记》之前驱者，其说殆不诬也。（洪饴孙撰《史表》，即以《世本》列于《史记》之前，居正史之首。）《世本》的体裁，见于诸书征引者，有本纪，有世家，有传，其名皆为《史记》所沿；有谱，则《史记》谓之表；有居篇、作篇，则记典章经制一类的事实，为《史记》所谓书，而《汉书》已下改名为志者。《世本》原书已不可见，就《史记》而推其源，则本纪及世家，出于古左史及小史；表源于谱；传者，语之异名，排列多人，故称列传，（《列女传》者，列女人之传也。女传二字相属，列女二字不相属。后人以列女为一名词，实误。）此盖源于右史；书则图法之类也。今人每喜凿言古之某书出于更古之某书；某人之学说源于较早的某人，或受其并时某人的影响。其实书阙有间，此事甚难质言。（如《孟子·万章上篇》说尧、舜禅让，与《史记·五帝本纪》同，谓之同用孔门《书》说则可，近人凿言史公用《孟子》，即无据。）然某书出于某书不可知，而其本源为古代某一类之书则可知；某说出于某人不可知，而其所据为某一派之说则可知。（如晚出之《古文尚书伪孔传》，断言其为王肃所造，并无确据，然其为肃一派之学说则无疑。）明于此义，则于现存之书，可以考见其本源，读之更易明了，并可推考较现存之书更早一时期的学术状况了。

自疑古之说既起，人多以为古书之久经行世者，必多窜乱、伪造，其新发现者必真；书籍或不可信，实物则无可疑。因此，特重古物及新发现的古书。其言似极有理，然疑古亦有条理，不能执空廓之论硬套；而古物及新发现的书籍，亦尽多伪品，有所偏主而轻信之，有反上其当者。如汲冢所发现之古书，当时虽实有其物，然不久即悉行亡佚，无一传诸后世。所谓《竹书纪年》，出于明人者固伪；即后人所辑之古本，亦未尝不伪。〔可参看拙撰《晋南北朝史》第二十三章第八节（页一四五四至一四五九），又《先秦史》第四章（页三九）及第七章第四节（页七六）。〕又如近代所谓甲骨文，其中伪物亦极多。〔可参看拙撰《先秦史》第二章（页二一）。〕此等材料，取用不可不极谨慎。至于古物，新发现者自不易欺人；其久经流传者，真伪亦极难辨。章太炎曾谓：必（一）发现、流传、收藏，确实有据；（二）又其物巨大，牟利者不肯为，好事者不耐心为之者，乃为可信，自属稳健之说。予又益以发现、流传、收藏，在古物不值钱之时、之地，较之在值钱之时、之地者，可信的程度较高。持此鉴别，亦庶几寡过也。